IMAGINAR PAÍSES

Dainerys Machado Vento
Melanie Márquez Adams

IMAGINAR PAÍSES

Entrevistas a escritoras latinoamericanas en Estados Unidos

De la presente edición, 2021

© Dainerys Machado Vento
© Melanie Márquez Adams
© Editorial Hypermedia

Editorial Hypermedia
www.editorialhypermedia.com
www.hypermediamagazine.com
hypermedia@editorialhypermedia.com

Edición: Ladislao Aguado
Maquetación y corrección: Editorial Hypermedia
Diseño de colección y portada: Herman Vega Vogeler

ISBN: 978-1-948517-63-8

DOBLEMENTE AMERICANAS:
SUMAR LAS RESISTENCIAS DE LA ESCRITURA

DAINERYS MACHADO VENTO

Una identidad regional une a las once escritoras entrevistadas en este volumen: todas se reconocen como latinoamericanas viviendo en Estados Unidos. Aunque, como en sus propias vidas, el lugar que otorgan a ese latinoamericanismo en sus obras es diverso. Ante la pregunta: ¿qué adjetivos le pondrías a tu sustantivo de escritora?, todas usaron el gentilicio de latinoamericanas en lugares muy diferentes de sus listas personales.

La identidad es tan compleja y móvil que, tal como afirma la cubana Kelly Martínez-Grandal en su entrevista, no basta con nacer en un país para ser una escritora de ese país. Una idea que confirma Lila Zemborain cuando se dice una argentina que no se considera solo una poeta argentina porque la mayor parte de su obra ha sido pensada desde New York. Las entrevistas que confluyen en este libro develan que las relaciones con el lugar de nacimiento son tan variadas como las vidas de estas mujeres. La chilena Lina Meruane, por ejemplo, confiesa que se reconoció como latinoamericana después de llegar a Estados Unidos, pero que el ataque a las Torres Gemelas en 2001 también la puso de frente a su origen palestino; mientras la mexicana Franky Piña cuenta que nació en México como Francisco y con los años se volvió Franky, Fran, habitando con el cambio de su nombre la fluidez de su existencia, una que no acepta, bajo ningún concepto, que sea catalogada como hispana. Jennifer Thorndike aporta un sutil cambio de perspectiva al otorgar más importancia a la región sobre la nación y definirse como una latinoamericana que nació en Perú.

De caminos más intrincados a nivel familiar y migratorio dan cuenta los testimonios de la venezolana Mariza Bafile y la mexicana Rose Mary Salum. Bafile es hija de italianos migrantes, actualmente reside en New York y considera que posee raíces líquidas, como el niño que nacía en una balsa en medio del océano para protagonizar uno de sus cuentos juveniles. Por su lado, Salum confiesa haber aceptado hace poco tiempo las numerosas intersecciones de su escritura, especialmente después de reconocerse como una mexicana de origen libanés, que también es estadounidense y vive en Houston. Osiris Mosquea, quien se define como «poeta dominicana» y afinca su trabajo creativo en las relaciones de su comunidad, escribe versos completamente marcados por el movimiento y la diversidad de la ciudad de New York, su nueva isla, mientras le canta a la negritud de Harlem. Disímiles perspectivas sobre el mismo tema presentan las entrevistas de dos puertorriqueñas de diferentes generaciones y con distintos recorridos personales: Anjanette Delgado, residente en Florida, quien se define como una migrante y Ana Teresa Toro, quien asegura que ha decidido conscientemente vivir en un país que no sabe que es país, una isla colonizada por Estados Unidos, a la que ella describe como anomalía en el siglo XXI.

Mi diálogo con Melanie Márquez Adams es la génesis de este proyecto, como explicaré más adelante. En él, la escritora nacida en Ecuador aporta otro matiz a las complejidades de la identidad. Se ubicó como una *Latina writer* en la entrevista original, publicada en *Hypermedia Magazine* a principios del 2020. Sin embargo, ha titulado su libro más reciente *Querencia. Crónicas de una latinoamericana en Estados Unidos*. Asegura que esta diferencia se debe a su elección de politizar cada una de estas categorías sobre identidad cuantas veces sea necesario, y a su decisión de separar su personalidad como escritora de su identidad personal.

Son las diferentes aristas de todas estas visiones las que han hecho que también yo aprenda a identificarme como escritora latinoamericana, donde antes solo habría escrito «cubana». Estados Unidos, el territorio que habitamos y compartimos las doce mujeres directamente involucradas en este libro, ha tratado de diluirnos con calificativos como latinas, hispanas y otros similares que pretenden borrar nuestras diferencias culturales; pero a los cuales nosotras hemos transformado en comunidades con agencia política, manteniendo y defendiendo una voz literaria propia y un idioma: español o espanglish, tal como debaten las historias aquí reunidas.

Me gusta pensar que la multiplicidad de identidades que habitamos resulta, como mínimo, en que seamos doblemente americanas: americanas por nuestro país de residencia, Estados Unidos, ese que se ha apropiado injustamente del gentilicio de todo un continente; y americanas porque nacimos en dicho continente, América Latina, un espacio marcado sistemáticamente por la otredad. No se me escapa la paradoja de que estemos asumiendo el nombre que el conquistador español dio a la región; una tierra aún en pleno crecimiento a la que el pueblo guna de Panamá y Colombia ha llamado Abya Yala. Mismo nombre que ha sido retomado como acto político por autoras feministas como la dominicana Ochy Curiel. Pero el feminismo también enseña que una resistencia no debería descartar a la otra, que son todas estrategias de empoderamiento que, siempre he pensado, pueden sumarse a favor de visibilizar sujetos históricamente silenciados; y en este libro se habla mucho sobre el valor que tiene escribir en español en Estados Unidos y cómo el gesto se ha vuelto, para algunas, una invaluable forma de resistencia que llega a derogar los límites institucionales impuestos al idioma.

Las identidades cambiantes que, incluso entre nosotras, nos permiten reconocernos de diversas maneras según el lugar desde donde nos enunciemos —identidades que fluyen, diría Franky Piña—, impactan nuestro lenguaje literario y temas de escritura; pero también nuestra vida privada. Tal como asegura Melanie Márquez Adams en su entrevista: «Las etiquetas, las identidades, son parte de la realidad cotidiana en este país y se permean en los distintos aspectos de crear, publicar y distribuir nuestra obra. No porque nos neguemos a ver o dialogar sobre un tema significa que deje de estar ahí, que ya no influya o afecte el entorno». A lo que agrega: «no quiere decir que permito que las etiquetas me definan. Las considero pautas, guías, puentes hacia distintas exploraciones y posibilidades».

Aunque son precisamente estas exploraciones uno de los ejes fundamentales de las once entrevistas que conforman este libro, no son el único. A las reflexiones sobre nuestros gentilicios se suman varios temas, que van desde la migración hasta el valor de las antologías contemporáneas en el campo de la literatura en español en Estados Unidos, pasando por debates sobre feminismo, canon, políticas nacionales, traducciones, editoriales independientes y el *mainstream*. Los diálogos aquí presentes dan cuenta además de la consciencia de fundar espacios de divulgación artística que representen la pluralidad de Latinoamérica y de sus mujeres. Se trata de una consciencia compartida por la mayoría de las entrevistadas, quienes son o han sido directoras de revistas, editoriales, periodistas, gestoras culturales, abridoras de caminos que se han propuesto imaginar nuevos espacios para su obra y la de sus pares en medio de sus desplazamientos personales, mujeres que se han inventado nuevos países cuando se han quedado sin ninguno y que han compartido cada una de esas regiones imaginadas con otras creadoras.

En 2003, la escritora chilena Isabel Allende publicó su libro de memorias titulado *Mi país inventado*, donde exploraba su vida personal desde lo que ella considera como un exilio. En 2015, Pura Fernández editó el volumen *No hay nación para este sexo: la Re(d)pública transatlántica de las Letras: escritoras españolas y latinoamericanas (1824-1936)*, donde se reúnen casi una veintena de ensayos que investigan vida y obra de autoras trasatlánticas, como Gertrudis Gómez de Avellaneda, cubana que terminó sus días viviendo en España. En ambos títulos se enuncian varios de los fundamentos que son también base de estas entrevistas. Primero, que la exclusión es siempre una condición del exiliado o migrante, que puede adquirir otra dimensión si ese emigrado o exiliado se reconoce como mujer o sujeto no binario. Segundo, que, como afirma Kelly Martínez-Grandal, aunque todos los exilios son difíciles, estos se complejizan si se multiplican. Pero también si se reciben por herencia o si se heredan a la prole, y pueden ser tan profundos que alcancen incluso a una colonia moderna como Puerto Rico. Tercero, que las mujeres encuentran uno de los poderes más importantes y una de sus formas más seguras de supervivencia artística en la creación de redes y espacios de divulgación.

La habilidad (o necesidad) histórica que hemos mostrado para crear redes intelectuales que sistemáticamente son silenciadas por la maquinaria patriarcal del mundo editorial y político ha permitido, a largo plazo, el nacimiento de diversas comunidades lectoras cada vez más estables y amplias. Por siglos, las escritoras que nos antecedieron supieron reconocer el valor de estas redes y apropiarse de ellas como una de sus formas de resistencia. Pura Fernández cita a la autora española, fallecida en Argentina, Concepción Gimeno de Flaquer (1850-1919) quien ya advertía que «nada debiera ser tan satisfactorio para una mujer, como ensalzar los esclarecidos talentos de otras mujeres» (*Álbum Ibero-Americano*, 7-VI-1891: 243). Simone de Beauvoir apuntala esta idea en *El segundo sexo*, cuando asegura que, si la visión comunitaria o grupal hubiese predominado entre las mujeres, habría sido posible romper mucho antes el ciclo de dominio político y doble rasero legal y social al que se nos somete constantemente (22).

Estos argumentos seguramente serán tomados como exagerados por los adalides de la «normalidad», casi siempre enemigos de las corrientes feministas sobre las que se niegan a leer y a las que siempre califican de extremistas. Pero como esas personas son también aficionadas a los números, al «pruébame esa exageración que dices», me tomo el tiempo de hacer un ejercicio cuantitativo y tomar, al azar, tres de las antologías que habitan mi librero: una de las más mencionadas en las entrevistas de este libro es *Se habla español: voces latinas en USA*, editada en el año 2000 por Edmundo Paz Soldán y Alberto Fuguet para la editorial Alfaguara. Las alusiones a esta antología son recurrentes porque dos de las autoras aquí entrevistadas fueron parte de ese importante volumen, que fijó la mirada sobre la producción en español que crecía en Estados Unidos. De los 36 nombres que conformaban el libro, solo seis eran personas que se identificaban como mujeres. *Poetas sin frontera*, también editada en 2000 por Ramiro Lagos para Editorial Verbum reunió a 43 poetas, 15 de ellos mujeres. Y el argumento inmediato sería que han pasado veinte años desde que se hicieron estas colecciones, que la situación ha cambiado para nosotras. Pero la esperada antología *La cerveza, los bares, la poesía*, editada en 2020 por Jesús García Sánchez para el hermoso número 1100 de la Colección Visor de Poesía, reúne a 116 autores, que abarcan desde el siglo I A.C. hasta el presente y solo 8 de esos autores son mujeres, incluida la actriz Marilyn Monroe. Se puede repetir el ejercicio con antologías de grandes o pequeñas editoriales basadas en Madrid, Miami o Ciudad de México y el resultado es siempre el mismo. Casi nunca un editor incluye a más mujeres que hombres, nunca tiene que hacer un balance numérico para «incluir» algunos hombres, porque siempre más de la mitad de sus autores lo son. Lo que significa que, aunque se nos quiera acusar de exageradas, cuando se habla de canon literario e historia, cuando se habla de literatura, «lo normal» sigue siendo, por mucho, lo masculino.

Más de un siglo después de que Concepción Gimeno de Flaquer falleciera, y a pesar de todos los cambios positivos promovidos por el constante ejercicio colectivo de imaginarnos en el espacio público, las mujeres tenemos que seguir inventando los países (físicos o creativos) que como escritoras y seres humanos aspiramos a habitar. Más allá de cualquier ideología de género, siguen siendo necesarias estrategias para visibilizar la creación femenina, especialmente de quienes escriben en español en Estados Unidos y pueden llegar a ser parte marginal de un grupo ya marginalizado por instituciones nacionales, incluida la maquinaria estatal. Sobre todos estos temas también ofrecen nuestras entrevistadas sus muy diversos puntos de vista, especialmente cuando se enfrentan a preguntas tales como ¿sigue siendo necesario crear antologías dedicadas exclusivamente a voces femeninas? o ¿enfrentas más retos para publicar por ser mujer? Y digo que reflexionan sobre género y literatura «especialmente» ante estas preguntas porque sus perspectivas sobre el ser mujer atraviesan sus diversas respuestas. Ellas hablan sobre cuerpos femeninos también cuando cuentan sus experiencias como migrantes, como sujetos trans, cuando critican el racismo, o cuando se declaran feministas.

Es que el principal objetivo de este libro es proponer un diálogo sobre las diferentes aristas de la literatura escrita en español por mujeres dentro y desde Estados Unidos, a partir de las formaciones culturales, personales e ideológicas que definen a nuestras entrevistadas como un grupo representativo, pero no totalizador. Quienes se acerquen a sus opiniones encontrarán un rompecabezas de identidades, transversalizado por la raza, el género, la edad, las diferentes ciudades donde viven; todo lo que ilumina distintas zonas del mismo fenómeno: ser una mujer que escribe en español en territorio estadounidense. De más está decir que un libro como este es todas las voces e interseccionalidades que incluye, pero es también las autoras que no tuvieron tiempo para ser entrevistadas, y es la ausencia de muchas otras que admiramos, pero consideramos demasiado cercanas para invitarlas a participar.

La historia del presente proyecto es como sigue: en enero de 2020 le hice una entrevista a Melanie Márquez Adams, que fue publicada semanas después en *Hypermedia Magazine* con el título «Escribir sin tener un país». Una edición revisada y ampliada de aquel primer diálogo funciona ahora como especie de epílogo para este conjunto. Porque, debido al interés que despertó en la editorial, otras diez entrevistas fueron hechas a dos manos, por la propia Melanie y por mí, a las autoras Lina Meruane, Franky Piña, Lila Zemborain, Anjanette Delgado, Osiris Mosquea, Ana Teresa Toro, Jennifer Thorndike, Rose Mary Salum, Mariza Bafile y Kelly Martínez-Grandal. Todas fueron entrevistadas en un lapso de pocas semanas, a partir de un cuestionario semiestandarizado, donde se repitieron algunas preguntas y se agregaron otras personalizadas.

En este sentido puede afirmarse que hay dos tipos de preguntas en estas entrevistas: unas completamente vinculadas a la vida y obra de cada autora, muy personales en algunos casos; y otras que se repiten, a veces literalmente, de una entrevista a otra y que indagan principalmente en temas como la identidad y el español como idioma de escritura creativa en Estados Unidos. Este segundo tipo de preguntas genera una especie de diálogo indirecto entre las entrevistadas que, consideramos, permitirá a quienes lean todos los textos acercarse a diferentes fenómenos anclados a la producción literaria en Estados Unidos y América Latina. Acaso la presencia más fuerte de Melanie Márquez Adams y mía se devele precisamente en la selección temática de esos cuestionamientos que se repiten y que reflejan, de cierta manera, nuestras propias preocupaciones literarias y existenciales. Ya que mi coeditora estudió un máster en escritura creativa en la Universidad de Iowa, se reitera el diálogo con algunas entrevistadas sobre las características y carencias de los programas de este tipo; debido a que yo he investigado por más de diez años las relaciones entre medios de prensa y literatura aparecen preguntas sobre el papel de la crítica en la valorización del canon. A veces nuestras dos perspectivas se funden en una sola pregunta, o dan a luz a temas completamente diferentes; siempre con el oído atento a aquello que las entrevistadas quieren realmente expresar, siempre flexibles a sus historias.

La amabilidad, el tiempo y el entusiasmo de todas hicieron posible concretar este proyecto cuando las condiciones parecían las más adversas. El mundo ha girado de manera vertiginosa y extraña en los últimos meses. Las crisis de salud, racismo y feminicidio se han multiplicado en todo el mundo, incluido Estados Unidos, avivadas muchas veces por el sensacionalismo de medios de prensa y por la histeria de las redes sociales. Pero en medio de tantas extrañezas, justo es reconocer que ha prevalecido la vida. En marzo de 2020 nació Nicanor, el pequeño poeta de Ana Teresa Toro; como ahora nace esta obra, concebida también como hija de su tiempo, por los temas que trata, y por el uso que hizo de nuevas tecnologías de comunicación, para desafiar al temporal de las malas noticias y acortar distancias entre entrevistadas y entrevistadoras.

Las entrevistas aquí reunidas fueron hechas por correo electrónico, en reuniones por Zoom y vía WhatsApp. Si bien la primera forma de contacto ha sido bastante recurrente en el periodismo de la última década, las dos últimas han nacido de experiencias más recientes y de tecnologías de comunicación relativamente novedosas que hemos aprendido a explorar más a raíz de la crisis de salud pública que confinó a millones de personas de todo el mundo a sus hogares. Puede decirse entonces que este libro no se concentra (para nada) en la perspectiva de las autoras sobre el coronavirus, sino que nace a partir de la pausa y el (re)conocimiento que nos impuso la crisis a todas. Por ello cada entrevista gira en torno a proyectos de escritura, a temas políticos, sociales y literarios, a historias de vida y también en torno a las esperanzas compartidas. Porque necesitamos tener esperanzas.

Mientras las entrevistas hechas por correo electrónico fueron modificadas muy levemente en el proceso de edición, las realizadas por Zoom y WhatsApp sí fueron sometidas a un trabajo de redacción más profundo, que permitiera transformar la expresión oral de las entrevistadas en una escrita, manteniendo siempre intactas tanto la voz de las escritoras, como sus intenciones y muchos de sus coloquialismos, especialmente aquellos que no obstruyeran la comprensión de la lectura.

Los detalles de estas estrategias para hacer entrevistas y sus diferentes métodos de edición significan que produjimos estos diálogos con los manuales clásicos de periodismo en mente. José Acosta Montoro aseguraba en *Periodista y literatura* (1973) que las entrevistas «nacen de una realidad, de una necesidad de crítica social, de expresión personal ante los demás, y que se convertirán en la aportación más valiosa con que en el periodismo devuelve a la literatura cuanto esta ha contribuido a su desarrollo» (275, t. 1). Poco ha cambiado la naturaleza de la entrevista de personalidad desde que fuera escrita esta definición. Y, como Juan Cantavella, en el *Manual de la entrevista periodística* (1996), nosotras consideramos que hacer entrevistas es también estar en disposición de entablar un diálogo profundo, que nazca de un acto de escucha empática, formas de relación social tan necesarias en estos tiempos.

Otra de las condiciones que Cantavella anota como imprescindible para el tipo de entrevista que aquí proponemos es que estas nos acerquen a personas que tienen algo que contar (12). Por eso las entrevistadoras hemos pretendido colocarnos como meras intermediarias entre lo mucho que estas escritoras tienen que decir y las personas que las leerán. La tarea no fue fácil. Algunas de nuestras entrevistadas resultaron parcas para hablar sobre sí mismas, a pesar de poseer una amplia producción literaria; otras, por el contrario, muy prolíficas, a lo que se suma que algunas ostentan la condición de ser ellas mismas hábiles entrevistadoras, como Ana Teresa Toro y Mariza Bafile, quienes han ejercido por años el periodismo en más de un idioma. Pero, otra vez, el sentido solidario que da luz a este libro facilitó el proceso y acortó todas las distancias geográficas, simbólicas y culturales.

Como resultado final, las entrevistas aquí reunidas no iluminan solamente las obras de las escritoras entrevistadas, sino que abren la puerta al trabajo de otras autoras, traductoras, editoras, caricaturistas que han colaborado con ellas durante décadas. Queda claro que este libro reúne once entrevistas como bien podría reunir cincuenta o cien. Para honrar ese fenómeno mayor del que este volumen da cuenta, hemos decidido crear un Índice de Nombres al final del libro. De dicho Índice se han excluido a nuestras entrevistadas y los títulos de sus propias obras, y se han incluido los nombres de otras escritoras, escritores, libros, medios de prensa, políticos, universidades y editoriales mencionados por ellas, y que dan fe de que este libro, afortunadamente, podría haber tenido muchas formas. El objetivo de un proyecto como este nunca es excluir, sino iluminar la perspectiva a la que se acerca. Por eso partimos, sin complejos ni demasiadas contradicciones, del hecho de que este no podría ser un libro total ni totalizador, pero que sí era uno muy necesario.

Es que, en los últimos años, una pregunta con diferente enunciado parece volverse recurrente en medios de prensa, revistas especializadas e incluso en el espacio privado de quienes nos dedicamos a la literatura: ¿por qué han ganado tanta visibilidad obras de mujeres escritoras como Mariana Enríquez o María Fernanda Ampuero?, ¿por qué estamos leyendo más a Elena Garro?, ¿por qué las mujeres ocupan cada vez más espacios en la literatura?, ¿por qué sus voces suenan más?, ¿por qué sus libros están siendo más publicados? Lamentablemente, la respuesta parece estar precisamente en las múltiples crisis sociales que también fomentaron el nacimiento de este volumen. Francine Masiello en su ensayo *Entre civilización y barbarie. Mujeres, nación y cultura literaria en la Argentina moderna*, argumenta que, en períodos de crisis sistémicas, las mujeres cuentan con márgenes de actuación más amplios y con más posibilidades para desafiar al poder hegemónico:

[...] cuando el Estado se encuentra en transición de una forma de gobierno a otra, o de un período tradi-

*cionalista a un programa más modernizante, hallamos
una alteración en la representación del género. Surge
una configuración diferente de los hombres y las mujeres, modificada según el período histórico y la naturaleza de la crisis nacional. Además, para los especialistas
en literatura, las transformaciones en la representación
del género y de la nación en la literatura significan una
apertura hacia diversas y amplias áreas de preocupación, una de las cuales, y fundamental, es la cuestión
del lenguaje. (17)*

Jean Franco defendía en los años noventa del siglo pasado una idea similar en su texto «Going Public: Rein-
habiting the Private». Según Franco, la división entre
espacio público y privado, «had been the basis for the
subordination of women by historic capitalism» (65).
Ella entiende que en momentos de crisis esta frágil ba-
rrera entre los espacios desaparece, favoreciendo una
identidad con más poder para (entre) las mujeres.

El hecho de que nuestras entrevistadas tengan fechas
de nacimiento que van desde la década de 1950 hasta la
de 1980, que sus lugares de nacimiento ocupen el mapa
de norte al sur del continente latinoamericano, inclu-
yendo sus islas, que escriban poesía, teatro, narrativa y
no-ficción, prueba que las mujeres siempre hemos estado escribiendo, alzando la voz, creando poéticas; pero
que el desplazamiento del sistema en crisis es efectivamente el suceso que mejor nos permite desafiar al
poder patriarcal y ocupar más espacios públicos. Tengo
la esperanza de que, esta vez, podamos revertir la desigualdad genérica del canon literario y de los espacios
de divulgación artística de una vez para siempre, que la
crisis sea tan profunda que no podamos volver al esta-

do anterior y sigamos siendo estas voces imposibles de soslayar. Tengo la esperanza de que muy pronto nadie tenga que cuestionar la visibilidad de las mujeres y de que lo masculino deje de ser lo normalizado.

Por eso estas entrevistas tienen múltiple valor, porque se trata de mujeres hablando en el espacio público sobre ellas mismas, sobre sus cuerpos, sobre la política de sus países, sobre sus errores y aciertos. Y si hay mediadoras entre su discurso y el público esas mediadoras son otras mujeres con preocupaciones similares, trabajando porque se cierre el ciclo de desigualdad al que por siglos y sistemáticamente se nos ha sometido. No somos víctimas. La prueba es que aquí seguimos, luchando, sumando resistencias, imaginando países, contando nuestras historias con toda la honestidad y el afecto que llevamos dentro.

Miami, 4 de agosto de 2020

LINA MERUANE:
ESCRIBIR DESDE LA INCOMODIDAD

Lina Meruane asegura que escribir es una reacción a la incomodidad social; a una incomodidad transversalizada por el cuerpo, la enfermedad, el lugar de origen, el ser mujer; una incomodidad compartida por los sujetos del sur global latinoamericano. De la confrontación permanente de este estado nacen la mayoría de sus novelas como *Fruta podrida* (2007), *Sangre en el ojo* (2012), ganadora del xx Premio Sor Juana Inés de la Cruz en México y *Sistema nervioso* (2018); y ensayos como *Volverse Palestina* (2013) y *Contra los hijos* (2014). Si en *Volverse Palestina*, la autora reflexiona sobre su memoria individual al recrear la historia de una comunidad árabe que ha sufrido diferentes formas de silenciamiento y opresión; en sus tres novelas sobre cuerpos femeninos enfermos, Meruane también refleja de alguna manera otra memoria, más íntima, la asociada a su propia condición médica y a una educación marcada por sus padres, ambos médicos, quienes hablaban de los casos de sus pacientes en torno a la mesa. El conjunto de su obra resulta entonces una expresión de las transversalidades de su vida, acumulación de identidades y memorias, donde el lenguaje es un mecanismo que exhibe la rebeldía de cuerpos usualmente descartados por la sociedad.

Cuando en 2018, Meruane llegó a Alemania para recibir la prestigiosa beca del Programa de Berlín Artistas en Residencia: DAAD, le preguntaron en una entrevista cómo había sido vivir en persona los dos 11 de Septiembre que han marcado la historia reciente de América: el asesinato del presidente chileno Salvador Allende, en 1973, y el ataque a las Torres Gemelas, en 2001. El primero se refleja en los rigores del disciplinamiento que viven, y que transgreden sus personajes, aseguraba Meruane. El segundo, como una repetición invertida de la violencia, la ayudó a conciliarse con su pasado, explica en esta entrevista. Lina Meruane vive en New York, donde es profesora de literatura global y de escritura creativa en español. Habla abiertamente sobre estas y otras influencias en su obra, así como la de identificarse como latinoamericana entre la multiplicidad de los inmigrantes, de sentirse muy chilena en todos lados menos en Chile. Como en sus libros, su palabra oscila con total naturalidad de la experiencia íntima a la memoria colectiva.

¿Qué significa para ti ser una escritora chilena en la ciudad de New York?

Los chilenos somos tan pocos dentro de nuestro país, que fuera somos algo minúsculo. En New York, ser chilena es una rareza y poco más. No tiene ninguna diferencia significativa, porque los latinoamericanos y las latinoamericanas caemos siempre en el gran saco de los latinos o latinxs. Yo nunca me he sentido muy identificada con esa categoría de latinx, que describe a gente que nació aquí, o que llegó joven y que escribe en inglés, y yo no escribo mi ficción en inglés. Yo solo escribo algunos *papers* en inglés, nada más.

Donde sí significa mucho lo de ser chilena en New York es en Chile, porque se mira New York con cierta ansiedad y cierto arribismo. Me he pasado la vida diciendo que yo no vivo en Central Park ni soy vecina de Yoko Ono, como alguien dijo en un blog, ni soy especialmente privilegiada más allá de que vivo en una ciudad que tiene una imagen muy chic, pero mi vida no es chic. Vivo lejos del centro, en un departamento pequeño, el traslado en metro es de 45 minutos, tengo un trabajo con un contrato inseguro, aun cuando renovable, y por supuesto esto es mucho, no me quejo, esta es la vida que elegí y es la vida que me gusta, pero no se corresponde con la fantasía exitista de las clases medias y altas chilenas.

Ahora, donde a mí más me interesa ser chilena en New York es en mi literatura: las tres novelas que escribí desde que llegué a la ciudad, transcurren en dos espacios que a veces se nombran como Santiago de Chile y New York, y a veces son solo vagamente reconocibles pero en mi imaginación son los mismos. Las protagonistas circulan, se mueven y piensan en estos dos lugares de manera casi simultánea. Mis novelas revisan la relación entre Chile y Estados Unidos; importa recordar que Estados Unidos apoyó el golpe de Estado de 1973 y sostuvo a la dictadura chilena, que usó a Chile como un laboratorio de experimentación neoliberal. Chile todavía porta la impronta estadounidense, y la fantasía de haber sido elegida por los Estados Unidos, de querer emular a los Estados Unidos. Me estoy refiriendo a las élites, sobre todo, pero son las élites que han dominado el país e inoculado un modelo de sociedad neoliberal. Mis personajes son conscientes de esto; en *Sangre en el ojo* hay un pequeño paralelo entre el 11 de Septiembre chileno y el bombardeo al edificio de gobierno (La Moneda) y la explosión y caída de las

Torres Gemelas que también ocurrió un 11 de Septiembre. Yo era una niña, vivía en Santiago para el primer 11 de Septiembre, y era una adulta en New York para el segundo. Esa sintonía para mí ha sido muy productiva, muy poderosa para pensarla en la literatura.

Podría decirse que, en América Latina, son tres o cuatro los países con más hegemonía en el canon literario de la región. ¿En qué mapa literario te ubicas?

En efecto, algunos países latinoamericanos tienen una presencia literaria muy fuerte, conectada al hecho de que tuvieron una industria editorial fuerte, con ediciones, traducciones y mucha circulación continental. En el habla hispana son, sobre todo, México y Argentina, y Brasil en el ámbito portugués.

Yo, por supuesto, no me siento para nada parte del canon literario argentino por más que me encanta su diversa literatura, ni del canon mexicano, por más que sea seguidora de su gran literatura. Las literaturas nacionales responden a una historia colonial específica, localizada, y a la influencia de las culturas que habitaban cada zona, la presencia de los esclavos negros y asiáticos, las migraciones internas y al desarrollo republicano posterior. Cada uno de nuestros países ha desarrollado referentes culturales y lingüísticos diversos; usos de palabra, jergas, y acentos distintos; entonces, a la vez que me resulta cercana, me resulta también incomparable una novela mexicana y una peruana o boliviana. Y hay tradiciones más orales que otras, la chilena se distingue, pienso, por un uso del lenguaje a ratos experimental y muy asentado en la producción de una voz, de una entonación. En Chile nos encanta leer en voz alta a diferencia, por ejemplo, de Argentina donde la prosa es monótona y hay menos entusiasmo por la lectura. La tradición chilena en la que yo me formé es más experimental en su lenguaje, en su ritmo y trabaja una musicalidad. Pienso en autores canónicos como José Donoso, Carlos Droguett y Diamela Eltit, pero también en autores más jóvenes como Alia Trabucco Zerán, por ejemplo, que trabaja el chilenismo, que rescata el habla popular, la poesía de ese lenguaje y a mí me resulta muy bello, con mucha potencia. Y digo que es una tradición muy chilena porque está muy presente en los poetas de Chile. Creo que tiene que ver con el hecho de que Chile no fue un virreinato sino una capitanía general y, en cierta medida, es una nación que quedó menos dominada por la corrección lingüística de la metrópoli, se dio más licencia, se permitió más desorden y se respetó menos o se tuvo menos acceso a las tradiciones lingüísticas y literarias españolas.

Con todo esto quiero decir, regresando a la pregunta, que yo me siento muy chilena adonde voy. Soy una escritora chilena en New York escribiendo en chileno y soy una escritora chilena en cualquier parte del mundo. Tal vez donde menos chilena me siento es en Chile, porque ahí sueno extraña, sueno un poco extranjera, modulo demasiado, termino las palabras, se me nota el contagio con las lenguas con las que vivo afuera. Esas que afuera nadie nota, cuando me escuchan completamente chilena.

¿Existe una intersección de tu carrera literaria con tu camino como migrante?

Absolutamente. Yo soy nacida y criada dentro de una familia inmigrante, por ambos lados. Por el paterno están los abuelos palestinos y por el materno, los bisabuelos italianos. (Hay un cuarto que no se sabe de dónde es, me gusta pensar que puede ser mapuche). En mi casa siempre estuvo presente el relato de la migración y la certeza de venir de otro lugar, por más que mis padres y mis hermanos y yo hubiéramos crecido como chilenos comunes y corrientes, sin intervención de esas otras lenguas o esa raigambre extranjera que estaba algo apagada en la identidad. Era una identidad chilena que se sabía mezclada, que reconocía ese venir de otro lugar en condición migrante. No había ni sufrimiento ni sobresalto en ello. Eso cambió cuando llegué a Estados Unidos, en el año 2000; se me hizo saber de múltiples maneras que yo era migrante sudaca, que era migrante latinoamericana con un visado de estudiante que tenía un tiempo determinado de duración. Recuerdo que cuando yo estaba tramitando mi tarjeta verde, tuve que viajar y a la vuelta me pararon y me metieron en la piecita chica de la migración. Me tuvieron mucho rato, los agentes repasaban mi información en una pantalla, y se referían burlonamente a mis intenciones de quedarme, a mi matrimonio «para conseguir papeles»; me latía tan fuerte el corazón, del miedo a que me deportaran, que me enchufé los audífonos y subí la música en mi teléfono para no oírlos y no dejarme amedrentar. Al rato me llamaron, y me estamparon los papeles. Esa violencia no fue nada comparada con la que sufren tantos en la frontera, pero me dio una muestra de lo que es ser migrante en este país, estar siempre a merced de otros que deciden por ti aun cuando tus papeles estén en regla.

Esas experiencias ocurren estando «fuera de lugar» y dan cuenta de lo que es no estar protegida por tu nación y por tus leyes, que, como sabemos, pueden ser igualmente violentas o más violentas con la ciudadanía propia, porque el Estado no es necesariamente una garantía de protección, pero al menos una tiene derechos establecidos por la ley que puede o debiera poder usar a su favor. Una migrante no tiene ni eso. En la migración se está más a la intemperie. Algo de esa desprotección se manifiesta en mis novelas. Esa angustia, esa violencia. Aparecen los aviones, los pasos fronterizos, el cambio de lengua y el estar perdida entre lenguas. Y hay un elemento que se agregó a todo esto: en Estados Unidos yo no solo era una migrante latinoamericana, sino que también una migrante árabe; es el momento en que caen las Torres Gemelas y hay un fuerte discurso islamófobo, sobre todo antipalestino y antimusulmán.

La misma mañana de la caída de las Torres Gemelas me llamaron por teléfono para avisarme de lo que estaba pasando, y yo, que iba de salida a dar clases a la universidad como estudiante graduada, me devolví y prendí la tele. Esto lo cuento luego en un libro que se llama *Volverse Palestina*. Mientras yo veía la televisión estaban mostrando sin filtro lo que sucedía. Los periodistas gritaban en pantalla, en tiempo real. Se tiraban gente desde los pisos altos de las Torres Gemelas. Fue muy impactante todo eso, pero también me impactó, como recién llegada, que mostraban las caídas de las Torres Gemelas y luego mostraban a Yasser Arafat diciendo «I am so shocked», y después mostraban a unos niños palestinos levantando los brazos en celebración de algo. No se sabía qué estaban celebrando. Esa secuencia de la caída, Arafat y los niños se repitió muchas veces. Quedaba muy en claro que la televisión ya había hecho su juicio y había adjudicado responsabilidades que luego resultaron ser completamente erróneas. Pero yo tuve esa sensación extraña de no solamente ser inmigrante latinoamericana, sino que de portar un apellido árabe y estar, en cierta medida, en doble riesgo.

Eso despertó mi conciencia de palestinidad que en Chile estaba muy aplanada. Los palestinos que llegaron a Chile a principios del siglo XX fueron una comunidad que se asimiló muy rápidamente, entonces ya no era discriminada. Yo nunca me sentí en peligro por portar mi apellido. Pero en Estados Unidos sí sentí ese peligro, y todas esas experiencias se han ido traduciendo, se han ido integrando en mi trabajo ensayístico y narrativo.

Luego fui a Palestina, hice toda una inmersión en esa identidad que estaba en latencia y me encontré con la imposibilidad de realizar en mí una identidad palestina, la imposibilidad de un regreso material, porque no hay algo concreto a lo que regresar y porque tampoco la palestina es una esencia; ninguna identidad lo es, ninguna puede ser rígida. Desde entonces ese movimiento y esa migración se volvieron fundamentales en mi obra. Con esto quiero decir que la migración, ya sea histórica de mi familia y la mía particular han marcado mi forma de mirar al mundo y, por supuesto, me hacen consciente de la vulnerabilidad propia y ajena. Yo creo que ha sido muy determinante en mi manera de pensar.

Entonces ¿te consideras una escritora latinoamericana, latina, o latinx?

Como decía antes, me considero una escritora chilena y desde que estoy en Estados Unidos, me considero una escritora latinoamericana. Latinx no. No por desprecio o discriminación racial o de clase con esa comunidad. Sencillamente, porque yo llegué a Estados Unidos a los 30 años y, por lo tanto, soy formada y criada en Chile y mi conciencia es latinoamericana y se escribe en castellano. Yo no escribo en inglés, ni quiero escribir mi ficción en esa lengua. Escribo en inglés por cosas de trabajo, sobre todo; pero escribir en castellano es una decisión política. Querría que se reconociera que el español es una lengua de escritura literaria en Estados Unidos y no una lengua minoritaria, migrante, de las madres, la lengua doméstica, como se le suele considerar. Te cuento una anécdota que para mí fue un hecho muy importante, un hecho histórico realmente: Yo pedí una beca de la National Endowment for the Arts para escribir mi novela *Sangre en el ojo,* la pedí para escribirla en castellano. Suponía que no me la iban a dar, porque no soy capaz de escribir en inglés como escribo en castellano. No tengo ni las expresiones ni el ritmo, no tengo la prosa y llegar a ella, de ser posible, exigiría demasiado esfuerzo y le quitaría el placer a la escritura. Sencillamente no pienso en inglés. Pero mandé una traducción de lo que tenía del texto y la eché a rodar y resulta que me dieron esa beca y me la dieron sin cuestionarme la lengua en la que yo iba a escribir, cosa que me pareció extrañísima, pero, como decía mi abuela, no hay peor trámite que el que no se hace.

Un año después, alguien me comentó que se había enterado de la discusión que hubo entre el jurado de esa beca, y que la discusión había sido en términos lingüísticos. En ese jurado participaban unos diez escritores y personas de la cultura, y había dos que eran originalmente de cultura latina o latinoamericana y ellos defendieron la idea del español como una lengua literaria de Estados Unidos. Se armó tal pelotera y estas dos voces influyentes del mundo del español lograron imponer mi nombre, lograron que se me diera una de esas becas para escribir la novela. Fue la primera vez y no sé si se habrá repetido, por eso digo que es histórico. Me encanta haber generado esa polémica, generado esa discusión y ese *awareness* de que no solamente habemos escritores en español y en otras lenguas, sino que también hay personas completamente integradas a la cultura estadounidense que están dispuestas a dar estas batallas. La anécdota me parece significativa no tanto por haber ganado la beca, sino por lo que esa postulación pudo significar en términos de apoyo y de aporte a nuestra lengua en este país.

Además de novelas y cuentos, has escrito varios ensayos y crónicas. ¿Cuáles te parece que son algunas de las diferencias fundamentales entre escribir ficción y no-ficción?

Para mí, la diferencia no es que la ficción no contenga realidad y que la no-ficción no contenga algo de imaginación, sino que en el hecho de que la ficción no se compromete con contar una realidad verificable y que se toma todas las licencias para imaginar qué pudo suceder, para plantear muchos más ángulos y aristas y preguntas de las que la de las que hubo en la propia realidad. Mientras que en la no-ficción, el pacto con los posibles lectores es que yo me comprometo a contar las cosas tal como las vi, aunque sea desde un lugar muy subjetivo y aunque me permita imaginar qué, por ejemplo, piensa el otro que está frente a mí mientras me observa. Pero siempre con ese cuidado de decir que yo estoy imaginando que eso es lo que el otro piensa o lo que yo creo que el otro o la otra va a hacer. En ese sentido, doy cuenta de que yo estoy haciendo un ejercicio de imaginación que es el que hacemos todos, todo el tiempo, y que se vuelve nuestra realidad percibida. Pero doy cuenta de que esa no es necesariamente la verdad del otro, sino que la verdad que yo proyecto sobre ese otro. Ahí me parece que hay una responsabilidad por quedarse cerca de lo real, de lo verificable, y también de darle señales a quienes leen de cuál es el proceso mental en el que estoy.

Se podría decir que muchos latinoamericanos que vivimos en Estados Unidos, tenemos una relación complicada con este país. En una entrevista para *The Paris Review*, la autora canadiense Margaret Atwood dice que «complication is a matter of how you percibe yourself in an unequal power relationship». ¿Cómo percibes tu obra literaria y a ti misma dentro de dicha relación?

¡Qué linda cita! Me gustaría ampliar esta pregunta porque siento que no es solamente una condición latinoamericana la de la incomodidad y la de complicación en la relación con el estado-nación en el que vivimos o del que somos parte. Yo creo que la incomodidad y estar en contradicción, en complicación, con el mundo en que vivimos, con la nación de la que somos parte y del espacio en el que habitamos es una condición compartida por la gente que escribe. Realmente no puedo imaginar que alguien que escriba lo haga desde la comodidad, eso me parecería extraño, incongruente, y me pregunto si el resultado de eso sería literatura. Yo como chilena, como migrante, como mujer, desde mi cuerpo enfermo, desde mi situación, desde todas mis experiencias, siento una incomodidad persistente con el mundo en el que vivo. Por eso escribo, para manifestarme, para manifestar esa incomodidad. Esa incomodidad que es mía, pero también es compartida con tanta gente.

Y no digo que, para escribir esa complicación, una tenga que escribir sobre el grupo social al que una no pertenece o apropiarse del discurso racial o de las preocupaciones queer o de las angustias territoriales de colectividades de las que uno no es. Lo pienso más bien como una manera de manifestar una incomodidad que acaba siendo universal; no tenemos que ser todos iguales para experimentar esta desazón con el mundo y yo creo que, por supuesto, en eso también cae la literatura latinoamericana: fuera de su contexto de producción experimenta una gran dosis de prejuicio, una gran dosis de ninguneo, una gran dosis de violencia explícita y de micro violencias. Y eso genera, por un lado, tener que estar siempre en una pelea agotadora; pero, por otro lado, tiene el efecto de mantenernos despiertos hacia la injusticia, hacia la precariedad, hacia la violencia. Nos hace permanecer comprometidos con lo humano.

Has dictado clases en el Máster de Escritura Creativa (MFA) en español de la Universidad de New York (NYU). ¿Cuáles son las diferencias entre este y otros programas de escritura creativa en Estados Unidos o en Latinoamérica?

Yo soy escritora invitada en ese Máster desde que era estudiante graduada y se estaba formando el programa, y he enseñado ahí de manera intermitente. Intermitente también porque ha coincidido con becas en los semestres en que me podrían invitar. Entonces tengo una experiencia limitada en términos de cursos, de contenido y de talleres. Y los talleres que he impartido en otros lugares han sido muy cortitos. Que sé yo, un diplomado de no-ficción en la Universidad Autónoma de México; un seminario de traducción en Edimburgo, que fue una semana bastante intensa, pero solo una semana afortunadamente; cuatro clases de escritura creativa en Islandia y talleres aún más cortos en diferentes lugares; esos talleres de una sesión o dos sesiones o cuatro sesiones no se pueden comparar con lo que se trabaja en un semestre y la diferencia fundamental es que en las sesiones que son únicas o de dos o de cuatro, son un poco más de *lecture* y se usa un texto para examinar una serie de problemas o bien hablar de la escritura propia y comentar con los asistentes cuáles han sido las soluciones a ciertos problemas que una ha ido encontrando.

En un taller de más larga duración la apuesta es distinta: se trabaja mucho más cercanamente con los textos de los asistentes a la manera tradicional, con lecturas de esos textos, con ronda de comentarios de los demás compañeros y luego con un cierre que siempre lo doy yo, no solamente con comentarios textuales puntuales, sino también una lectura ideológica y una relación de ese texto con otras escrituras e incluso otras artes. Esto permite una reflexión más profunda que va desde el detalle de lo escrito hasta la inserción de los producido en un contexto cultural más amplio y una reflexión sobre los imaginarios que se están trabajando en ese texto y la intervención que realiza ese texto en el campo cultural.

Yo siempre le di clases de escritura a gente hispanohablante y siempre he insistido mucho en que no hay ni debe haber una fórmula en la escritura. Porque una de las cuestiones que más me preocupa de la producción literaria norteamericana, sobre todo la más joven, es que da la impresión de que se está leyendo siempre el mismo libro, que todos están construidos de la misma manera, que los personajes hablan de la misma forma de un libro a otro. Eso aniquila lo que una espera encontrar en una escritura, que es una frescura, una cierta irreverencia, una salida de lo normativo. Esas escrituras más desafiantes son las que yo privilegio. Siempre aliento a los jóvenes asistentes a mis talleres a tomarse todas las libertades y luego ver qué es lo que funciona y qué es lo que no. Si partimos de limitarnos nunca vamos a descubrir qué era lo que nosotros teníamos que decir y cómo lo queríamos decir. Y el punto es trabajar precisamente para lograr eso, que es llevar a cabo el qué y el cómo.

¿Qué tipo de ventajas representa para un escritor o escritora latinoamericana pasar por un MFA? ¿Existe algún tipo de relación entre estos programas y el *mainstream* editorial?

Valoro mucho la experiencia formativa del taller literario, yo misma tuve oportunidad de asistir en mis años formativos; eran talleres en la casa, en una sala, nada formal, pero donde yo aprendí a leer como escritora, sobre todo, y eso tuvo un enorme impacto en mi escritura. La institucionalización de los talleres es, sin embargo, distinta, porque un título es una promesa de algo, de una capacitación sobre todo en la educación de una escritura y un tiempo de escritura y de encuentro con otros que escriben y se leen en simultáneo. Estos programas se han multiplicado en América Latina, pero sus alumnos suelen ser todos compatriotas. Al MFA de NYU asisten, en cambio, jóvenes escritores de las Américas y eso es, por supuesto, una ventaja formativa y una experiencia única. Pone en relación una diversidad de tradiciones literarias y de voces, así como diversas maneras de escribir, referentes, estilos, variaciones y experimentaciones lingüísticas que son muy significativas y enriquecedoras. Está la posibilidad de conocer a escritores más consagrados con visiones diversas sobre la escritura, de orígenes diferentes, y todo esto amplía los horizontes de la escritura de maneras muy estimulantes. Ese dinamismo, esa ampliación de la geografía permite, a la larga, poner en circulación las escrituras que se producen por un territorio ampliado. Y, por supuesto, está lo que te entrega un lugar nuevo en términos de movilizar todas esas reflexiones que uno hace al salir de su propio contexto cultural, social, ideológico.

Pero me parece que una cuestión que importa tener en cuenta es que el lugar y el *network* que propicia ese lugar sirven hasta ahí nomás. A ningún escritor lo levantan el lugar o las redes que pueda establecer, o no por mucho tiempo. Lo que sustenta a un autor o autora es su escritura, eso es lo único. Muchos creen que poner el pie en los Estados Unidos es garantía de entrada en el *mainstream* literario de los Estados Unidos, pero eso es falso, al menos para libros latinoamericanos. A nuestros escritores todavía se les pide que cuenten una historia conocida, o tal vez dos, la historia del *Latin lover* o bien la historia de las dictaduras y de la violencia, que son las historias que el *mainstream* conoce de América Latina y quiere ver, digamos, confirmada o reforzada. Esto con el agravante de que gran parte de los editores que publican traducción no hablan ni leen español y no se comprometen con una obra más desafiante, salvo que haya un traductor o traductora que les pueda convencer. La frontera de la lengua hace más difícil el ingreso al campo literario estadounidense para un escritor o escritora latinoamericana sin traducciones previas y que, además, esté escribiendo sobre temas que no se ajustan a las expectativas editoriales.

Entonces, las expectativas deben ser formativas y centrarse en las ventajas que un MFA ofrece para la escritura. Y tener en cuenta que lo que te hace escritor no es el diploma sino la escritura misma. Porque un MFA habilita, en rigor, para la enseñanza, pero no es un pasaporte hacia la publicación ni hacia el *mainstream* editorial —yo en lo personal no buscaría entrar a ese *mainstream* porque puede ser más una máquina de moler escrituras que otra cosa. Como escritora y como maestra, mi deseo sería lograr que nuestras escrituras encuentren validación en espacios que no busquen confirmar los estereotipos de lo latinoamericano.

Hablando específicamente del mercado editorial en español dentro de Estados Unidos, ¿consideras que es más difícil publicar o que existen mayores retos para una escritora que para un escritor?

Siempre es más difícil para una escritora; eso es histórico y es contingente: a las escritoras les cuesta más que a los escritores. Y por un montón de motivos, que parten con la manera en que hemos sido educadas las mujeres para participar en el espacio público, que es de mucha exposición y evaluación, de disminución y de humillación permanente, y de cómo hemos sido entrenadas para leer de manera negativa que una mujer ambicione algo. Me refiero a las ambiciones por cosas que históricamente están en el campo de dominio de los hombres: la educación, la profesión, los saberes intelectuales e incluso los artísticos. A una mujer le cuesta acercarse a un editor, mandar un manuscrito, participar en un concurso. He sido jurado y me sorprende que sean tan pocas mujeres las que mandan sus textos, más sabiendo, como sé, que hay tantas mujeres como hombres que escriben. Eso es muy notorio y hay una pregunta que hacerse: ¿es que no creen en su trabajo, es que ni se les ocurre, es que no tienen tiempo, es que se boicotean porque la posibilidad de estar en lo público les parece impropia? O es que han visto su trabajo poco valorado y empiezan a desestimarlo ellas mismas, porque este es el otro extremo del asunto: la ausencia de valoración y la escasez de modelos para las mujeres que escriben. Mira qué se lee en colegios y universidades y hay tan pocas mujeres, incluso cuando se discute la producción contemporánea. A lo que se suma el prejuicio patriarcal de que los hombres escriben temas universales (porque son suyos) y las mujeres los temas suyos, que se ven como demasiado personales, subjetivos, domésticos, mera preocupación de un gueto (aunque seamos más de la mitad de la población). Si todo esto ya es difícil en un mercado amplio de creación, mucho más lo va a ser en un mercado reducido, por no decir minúsculo, como es el mercado editorial en español dentro de Estados Unidos.

En los últimos años, esta literatura en español dentro de Estados Unidos parece haberse desarrollado en gran parte a través de las antologías, sobre todo de la mano de editoriales independientes. ¿Crees que esta proliferación de antologías es un recurso eficaz para promover la literatura en español en este país?

Es una buena pregunta que no sé cómo contestar porque desconozco la recepción de esas antologías. Me cuesta contestar desde un lugar de certeza, porque yo misma no enseño literatura en español en Estados Unidos, sino en traducción. Sospecho que la antología cumple un rol importante en la educación, es decir, en las escuelas y en las universidades, porque en efecto, cuando se enseña español a un nivel medio e incluso alto, se tiende a usar antologías para que los estudiantes puedan leer una variedad más amplia de textos, con la satisfacción de que un texto corto que se puede leer y terminar, y entender y discutir en una hora de clase. Es un recurso didáctico eficaz y en ese sentido un buen recurso para promover la literatura en español, pero no me parece que sea necesariamente un recurso que instale la literatura en español, o incluso la literatura escrita en español y traducida al inglés, dentro del espacio de la lectura de los Estados Unidos. Insisto, no tengo datos para sustentar esta afirmación. Es más bien una intuición que tengo.

Fuiste invitada a la antología que algunos consideran pionera de esta tendencia, *Se habla español: voces latinas en USA* (Alfaguara, 2000), una obra que según el crítico literario Javier Campos fue «concebida como la visión imaginada de Estados Unidos por algunos escritores/as que no necesariamente han pasado un largo tiempo en el país o que no han estado nunca». ¿Qué piensas de su opinión? ¿Participar en esta antología impactó tu carrera literaria?

La antología *Se habla español* claramente tenía ese sesgo que describe Javier Campos de forma muy crítica. Y no solo lo que se imagina de Estados Unidos sino lo que se desea, de manera aspiracional. Uno de sus editores es un autor que tiene un gran apego a la literatura norteamericana y un gran deseo de ser parte de esa literatura, aun como autor latinoamericano. Y estar en esa antología era una manera de entrar, de inscribirse, en la fantasía de los editores y de la editorial misma, porque en esa época se apostaba por el mercado en español en los Estados Unidos, se sacaba la cuenta de la gente que hablaba español aquí, pero era una cálculo cuantitativo y no cualitativo. La realidad era que esos millones de inmigrantes económicos no llegaban a leer libros y sus hijos eran escolarizados en inglés. Pero volviendo a la antología, la realidad es que las voces que aparecieron ahí y algunos textos y temas fueron muy críticos y mostraron también la realidad de precariedad y de marginación que hay en las comunidades latinas y latinoamericanas en Estados Unidos. Es decir que se trató de una antología donde hubiera una homogeneidad de visiones sobre Estados Unidos y el deseo compartido de estar en o ser parte de Estados Unidos.

Ahora, ¿qué oportunidades me ofreció a mí esa antología? Ninguna. Esa antología se publicó el año 2000, que fue el año que yo llegué a Estados Unidos (aunque yo ya había vivido tres años en el país, dos de niña y uno a los 21 años). Llegué a vivir a New York, que es una ciudad donde hay mucho movimiento literario, a los 30 años y me tomó 14 publicar mi primer libro traducido al inglés. Y eso solo sucedió porque esa novela, que era *Sangre en el ojo* y que se publicó en inglés como *Seeing Red*, obtuvo un premio importante en México, tuvo muchísima distribución. Es mi libro más leído probablemente.

Entonces, esa antología no significó para mí ningún cambio en la circulación de mi literatura. Y tal vez sea por eso que no pienso en las antologías como mediaciones que te llevan de ser desconocida a ser leída, o publicada, o traducida en este país. Esta antología fue más bien leída por lectores latinoamericanos y por estudiantes de literatura latinoamericana.

En la Feria Internacional del Libro de New York en 2019, FILNYC2019, participaste en el panel Escribir en New York. Durante tu charla comentabas que editores latinoamericanos han intentado corregir ciertas frases, ciertas maneras de expresarte porque suenan

a influencia del inglés, algo a lo que tú te has negado rotundamente. ¿Consideras entonces que existe y que se debe reconocer un dialecto estadounidense del español? ¿Lo calificarías como espanglish o es una manifestación diferente?

Son dos cuestiones. Una es la «localización» del castellano local de cada uno de nosotros al estándar español o argentino (los casos que conozco) para que «se entienda». Y la otra, que comenté en esa charla, era que ciertos editores latinoamericanos notaban una influencia del inglés en mi forma de articular ciertas frases. Tengo que decir que esto no es solamente influencia del inglés, sino que también es mi propio deseo de trabajar el lenguaje e irrumpir un poco en la norma sintáctica y rítmica. De hecho, novelas como *Sangre en el ojo* o *Sistema nervioso* usan modos muy poéticos en la estructura de la frase. Por ejemplo, *Sangre en el ojo* corta frases en lugares inesperados: una frase que va en curso llega a un «sin embargo» y se interrumpe con un punto. Eso no es solo una influencia del inglés, sino que es mi deseo de encontrar en el lenguaje una manera de expresar un impacto emocional dentro de la prosa. La protagonista pierde la vista y en ese momento se queda sin palabras y la frase queda cortada en la mitad, en suspenso. Y esto ha producido mucha duda editorial sobre si está correcto o si hay un error, y en el inglés, en la traducción también la *copy editor* se volvió un poco loca con mi puntuación... No sabía si era a propósito o era un error o si yo no sabía dónde poner los puntos y las comas. Eso me pasa con cierta frecuencia.

En el caso específico de lo que dije en esa charla, el problema tenía que ver con el uso del gerundio, los -*ing verbs*. Yo uso muchísimo esa forma de conjugación porque me parece muy dinámica y claramente la tomo del inglés. Fue un pequeño contagio del que yo no era consciente hasta que mandé mi ensayo *Contra los hijos* a México y la correctora me corrigió todos esos usos. Y yo los tuve que volver para atrás, descorregirlos. Pero, ahora que estoy pensando, también me sucedió con un amigo, escritor argentino y otra amiga, escritora chilena, ambos me lo comentaron cuando leyeron *Sangre en el ojo*, ese uso del gerundio que resulta excesivo en castellano. Y yo dije bueno, es que si yo no lo noto es porque para mí eso es natural y hay una influencia de la sintaxis inglesa y decidí que no quería cambiarlo porque sentía que esa era una marca que me identificaba a mí como escritora en español. Porque yo llevo veinte años escribiendo en castellano en el contexto del inglés, y, por lo tanto, esa acomodación, ese contagio ha ocurrido de manera natural y me identifica. No querría que fuera borrada.

Y pienso que sí, que es un modo del espanglish, menos acentuado que formas como el «te llamo para atrás» o el «te llamo pa'trás», que sería como el ejemplo clásico. Pero es que el espanglish ocurre a muchos niveles. A veces en traducciones literales, a veces en *code switching*, cuando pasamos de una lengua a la otra, cosa que yo también hago con alguna frecuencia, aunque no tanto en la escritura. Y luego está otra cuestión tal vez más sutil, o que a mí me pasó sin ser percibida, hasta que la percibieron afuera, que es la de adaptación, digamos, de la conjugación verbal.

Conociendo todos estos cruces e influencias, ¿qué futuro predices para la literatura en español en Estados Unidos?

No tengo una bolita de cristal, lamentablemente. A veces me gustaría tenerla sobre todo en tiempos de pandemia y saber si esto se va a acabar o va a seguir así o va a venir otro brote de otro virus y cuándo. Entonces no puedo predecir qué va a pasar con la lengua española. Cuando soy pesimista, pienso que todos los hijos e hijas de inmigrantes latinoamericanos y españoles van a perder la lengua. Cuando soy optimista me digo que no, que tal vez la segunda generación la pierda, pero la tercera empiece fervientemente a desear recuperar esa lengua, como pasa con mucha frecuencia con las terceras generaciones. Y lo pienso en mi empeño, por ejemplo, de volver a Palestina. No es un deseo que tuvo mi padre, como primera generación nacida en Chile, sino que fui yo que soy la nieta de los palestinos. Y la pregunta es sobre los nietos, si los nietos y nietas van a querer validar, celebrar, rescatar y finalmente volver a hablar esa lengua que se perdió en la familia.

KELLY MARTÍNEZ-GRANDAL:
CONTARNOS DESDE NUESTRA PROPIA MIRADA

El poemario de Kelly Martínez-Grandal, *Medulla Oblongata* apareció en 2017 en una cuidada edición bilingüe, traducida por Margaret Randall. En la nota de contracubierta, la destacada poeta estadounidense escribió: «El tiempo deja de ser lineal cuando los eventos políticos y sociales obligan a emigrar. El viaje de Kelly desde Cuba a Venezuela y luego a Estados Unidos, es reflejo de eso que viven tantos en estos tiempos. Es, también único. (…) Sus palabras, como las de todo exiliado, a veces están confinadas y otras veces vuelan libres».

Se nos antoja que la mirada de Randall funciona también como perfecto préambulo para esta conversación, donde Martínez-Grandal habla precisamente sobre su experiencia como doble migrante, sobre su identidad poética, su crecimiento intelectual en Venezuela y sobre cómo se produjo su reencuentro con Cuba al llegar a Estados Unidos. Cuando ella dice que aún le gana el llanto si recuerda a los muertos que no pudo volver a ver debido a la migración, prueba otra vez esa idea de Randall de que su tiempo de vida no es lineal, sino único y a la vez compartido entre quienes habitamos un país ajeno al que nos vio nacer.

Compiladora del poemario *Todas las mujeres (fulanas y menganas)* (2018) y autora de *Zugunruhe* (2020), la poeta, asentada hace años en Miami colabora con revistas y portales web como *Nagari Magazine, Literal Magazine, Emma Gunst, Animal Sospechoso, Fracas, Suburbano* y *La libélula vaga*, y trabaja como coordinadora editorial de la oficina de Penguin Random House en Miami. Mas esta entrevista, a tono completamente personal, versa sobre la identidad que habita su voz poética, a la que Randall ha calificado de «inusual y convincente».

¿Qué significa para ti ser una poeta cubana en la ciudad de Miami?

La verdad es que no estoy muy segura de ser «una poeta cubana», aunque haya nacido en Cuba y la comunidad de poetas cubanos de Miami me haya adoptado como una de los suyos sin cuestionarse demasiado mi pertenencia, cosa que les agradeceré siempre. Es decir, no sé si basta haber nacido en alguna parte para considerarse un poeta de allí o si también es importante formarse en una tradición y yo no me formé en la tradición de la poesía cubana sino de forma tangencial, a través de las lecturas que hacía desde otro lugar del mundo y dentro de otra tradición, que es la de la poesía venezolana.

Ahora bien, Miami efectivamente me ha servido para acercarme más a esa tradición a través de otros canales (lo que se lee, se conversa, se vive) y también para recuperar el vínculo con mi cultura de origen, cosa que ha generado tanto nuevos temas de escritura y probablemente nuevos lenguajes de los cuales no estoy consciente todavía.

En tu adolescencia emigraste de Cuba a Venezuela. Viviste allí por veinte años y luego emigraste a Miami. ¿Te consideras una «doble» inmigrante?

Sí, me considero una doble emigrante y, si algo aprendí de eso, es que las emigraciones no son comparables, a pesar de su sustrato común. Es decir, una sola emigración puede ser tan o más dolorosa que una doble o triple, todo depende del individuo y sus circunstancias. En ese sustrato común están el desarraigo, la nostalgia, la distancia, la extrañeza. Todos, en mayor o menor grado, hemos pasado trabajo, a todos se nos ha muerto alguien en la distancia sin que podamos acompañarlo. Incluso es difícil cuando emigras con ciertas bases materiales cubiertas, porque igual significa reaprender a vivir. Sin embargo, *individuum est ineffabile*, lo individual no puede ser descrito, hay infinitas particularidades en cada experiencia migratoria. En ese sentido, tampoco creo que sean comparables dos emigraciones de un mismo individuo, aunque ya traigas una experiencia que te ayuda a saber que lo que viene no es coser y cantar.

En mi caso, la primera vez emigré a los trece años, de Cuba a Venezuela. Los detalles de cómo eso afectó y redefinió mi sentido de identidad son demasiado extensos. Fue difícil, pero el golpe más duro lo llevaron mis padres, que son los que ponían la comida en la mesa y que habían dejado atrás a sus propios padres. Mis abuelos murieron en Cuba sin que pudiesemos volver a verlos y todavía me cuesta hablar de eso sin llorar.

En la segunda emigración, que hice también junto a mis padres (vinieron primero), fue a mi esposo y a mí a quienes que nos tocó dar guerra; cuidarlos a ellos y a los que dejamos atrás. En ese ínterin murió mi padre, a los tres años de haber llegado a Estados Unidos y en circunstancias extremadamente penosas. En Venezuela, murió mi suegro pocos meses después. Sin embargo, y aquí es donde viene lo interesante, puedo decir que tuve el inmenso privilegio de conservar mi núcleo familiar, que no es algo que puedan decir la mayoría de los emigrantes. Acompañar a los tuyos a morir es un privilegio enorme. Pero esta es una historia parecida a infinitas historias, las hay peores y más dolorosas. Si otra cosa aprendí de mi doble experiencia, es que la emigración hay que asumirla con humildad.

¿Ser migrante se filtra en tu poesía, en tu forma de mirar el mundo?

Se filtra tanto que mi segundo libro es sobre eso, luego de que me negué durante años a asumir la de emigrante como etiqueta y como tema en la escritura, porque soy un poco alérgica a todo tipo de melodrama. Un poco en serio y un poco en broma siempre digo que, si la vida va a ser algo, que sea por lo menos una tragedia, con toda esa dignidad, esos coturnos y un coro de fondo que nos diga cosas. Aunque yo prefiero la comedia.

Así y todo, luego de la muerte de mi padre, terminé de escribir un libro trágico —al menos yo digo que lo es— que tiene su origen en una imagen específica: los cementerios de Miami, llenos de emigrantes que literalmente no están enterrados en su propia tierra. Se llama *Zugunruhe* —una palabra alemana que se usa en etología para definir la ansiedad migratoria de ciertas especies animales; la necesidad imperiosa de huir antes de que los agarre el invierno o la sequía o cualquiera de las formas de la muerte—. Esa interacción se manifiesta también en el hecho de mi obsesión por las cosas que se cruzan, los umbrales, las fronteras; un interés natural en mí que se vio alimentado por la emigración. Por ejemplo, me interesa sobremanera el diálogo entre la literatura y las artes visuales o los límites desdibujados entre géneros literarios. Me interesa mucho cuando las cosas no encajan en definiciones cerradas y perfectas.

¿En qué mapa literario ubicas entonces tu poesía?

Por ahora, en ninguno. Tampoco estoy muy segura de que sea deber del poeta ubicarse a sí mismo, que es muy distinto a no tener conciencia de las tradiciones con las que se dialoga. O, peor aún, no tener consciencia de que inevitablemente se dialoga con una tradición y se es más original, como quería T.S. Elliot, cuando también cantan con nosotros los poetas ya muertos. Puedo decir, eso sí, que me alimenté mucho de la poesía cubana y venezolana de los setenta y ochenta. También de la tradición de la poesía norteamericana del siglo xx y su tendencia alo visual, lo narrativo y lo documental. Pero me alimento, sobre todo, de lo individual; de distintos poetas y, a veces, solamente de un libro o de un poema. *La epopeya de Gilgamesh* es tan importante para mí como la obra de Anna Ajmátova, Dulce María Loynaz, Cavafis, Olga Orozco, Hanni Ossott, William Carlos Williams o de poetas jovencísimos como el cubano Noel Alonso Ginoris y la venezolana Diana Moncada, solo por mencionar algunos.

¿Te consideras una poeta cubana, venezolana, latinoamericana, latina o latinx? ¿Cuál es la relación entre esta identidad y el lenguaje de tu poesía?

Como dije antes, me cuestan mucho las etiquetas, pero si tengo que escoger una, escojo latinoamericana, que aquí se convirtió en *Hispanic or Latina*. Es la casillita que marco en las planillas legales y eso me ha llevado a repensar un montón de cosas. Por supuesto, la mía ha sido una experiencia tal vez más amable que la de otros emigrantes en el resto del país *because Miami*, aquí uno se siente casi como en casa. Pero sí, ahora «soy» una escritora latina en los Estados Unidos.

Mis pocos choques al respecto provienen de ser una latina blanca, por más ridículo que eso suene y sea, pues estoy consciente del absurdo privilegio de ser blanco, especialmente en Estados Unidos. Pero un latino blanco no entra fácilmente en el estereotipo del americano promedio, que no entiende bien qué o quién soy. Me ha costado mucho comunicarme con ellos. Y no hablo solamente del extremo conservador, que luce siempre tan decepcionado cuando abro la boca y escuchan mi acento —como si hubiese usurpado un color de piel—, sino de muchos liberales que enseguida me etiquetan de burguesa, aunque todavía no haya abierto la boca y se van de lo más contentos creyendo que entendieron algo sobre América Latina. Una experiencia semejante tenía hace años a una amiga negra en Texas: allí o eras hispano o eras negro, al parecer no podías ser las dos cosas.

Así que he optado por disfrutar de mi condición de ornitorrinco y eso me ha llevado a preocuparme todavía más por el asunto de las fronteras y los límites que se disuelven. Sobre todo, a tratar de enunciar las múltiples dimensiones de lo latino. *Zugunruhe*, por ejemplo, trata de recoger muchas voces y no solo mi propia emigración.

En tu experiencia como editora, ¿cuál es la relevancia y/o impacto de las etiquetas mencionadas anteriormente? ¿Piensas que es necesario para los autores etiquetarnos, dejar clara nuestra identidad en la obra literaria?

Creo que es relevante en cuanto otorga un sentido de identidad, grupo y pertenencia. Afirma la poderosa e innegable presencia de la comunidad latina en Estados Unidos y la de la literatura que esa comunidad produce. Tampoco es un fenómeno nuevo. Martí, por ejemplo, escribió *La edad de oro* y otros de sus textos más conocidos en New York. Así que no solo es hermoso que esa tradición se continúe y visibilice —además de ser un profundo y necesario gesto político en estos tiempos— sino que, a medida que eso crece, se abren más posibilidades para un determinado tipo de literatura que, en algún punto, se traducen también en posibilidades de mercado. La etiqueta, además, no solo permite ubicarte sino ser ubicado por lectores y editores con mayor facilidad. En época de algoritmos, *keywords* y *hashtags* eso importa más de lo que uno imagina.

Importa, también, en una época de revisión de identidades en la que se generan nuevas significaciones y clasificaciones. Importa como toma de postura. Pero no hay que perder de vista que una etiqueta puede convertirse también en condena y trampa, como pasó con la Generación Beat o la Generación Cero y elegir la etiqueta, cualquiera que sea, conlleva responsabilidades y consecuencias. Me temo que incluso se le pida a uno actuar de cierta manera y que se corra el riesgo de estar constantemente representando algo, así que no debe elegirse a la ligera. Así mismo, tampoco creo que sea una obligación para un escritor dejar clara su identidad. También es una elección y no soy quien para decir si es una necesidad. Puedo decir que para mí lo es. La identidad, o más bien la deconstrucción de la misma, es para mí un tema clave. Qué es ser latina o qué es ser mujer, por ejemplo, son preguntas que me acompañan constantemente.

Ya que mencionas esa pregunta de «qué es ser mujer», ¿te consideras una escritora feminista?

Me angustia la categoría «escritora feminista», ya saben que las categorías me angustian. Me angustia porque pareciera que, últimamente, feminista es un término que solo es leído desde su condición de activismo directo y frontal y, sobre todo, desde las formas en que visibilizamos ese activismo, cada vez más conectadas a nuestra presencia en redes sociales. Así que, si vamos a medir mi escritura feminista por lo que digo o hago en redes, probablemente no parezca una escritora feminista. Sin embargo, lo soy. Como decía Maya Angelou: «He sido mujer durante mucho tiempo, sería una estupidez no estar en mi bando».

Ojo, nada en contra del activismo directo y frontal —durante muchos años fui activista y es una labor que respeto profundamente—, pero creo que es importante no olvidar que hay muchas formas de hacer feminismo y que cada quien tiene la responsabilidad de encontrar el lugar desde dónde trabaja y enuncia. Las mujeres que luchan por hacerse de un lugar dentro de la literatura o la ciencia, a sabiendas de que es un campo dominado por lo masculino, son tan feministas como la activista más radical. Los hombres que se preocupan por construir otro tipo de masculinidad también son feministas.

No es un asunto de comodidad o pasividad, no es que no vaya a salir a reclamar o denunciar cuando sea necesario. Para decirlo con Barthes, lo que he de defender es mi derecho político a ser un sujeto. Eso implica no solo lo evidente, defender el sujeto político mujer, sino también el derecho a escoger desde dónde lo hago. Creo que he logrado más desde un aula de clases o desde la literatura que desde otro lugar. Veo a mis antiguos estudiantes y sé que algo hice bien. Así que enseñar, editar libros escritos por mujeres y escribir sobre y desde esa polisemia que es el concepto mujer son mi manera de ser una escritora feminista, al menos por ahora. A lo mejor mañana es otra cosa.

Fuiste parte de una antología solo de mujeres, *Aquí [Ellas] en Miami* (2018), y tú misma compilaste la antología *Todas las mujeres (fulanas y menganas)* (2018). ¿Piensas que es importante y necesario armar antologías u otros proyectos literarios solo de mujeres?

Claro. Si los hombres lo han hecho siempre, ¿por qué no las mujeres? Eso es un poco en broma y un poco en serio. Un poco en broma porque no se trata de una revancha, el feminismo no es una revancha. Un poco en serio porque creo que sí es vital que ganemos territorio. Más allá de eso, este tipo de proyectos literarios permiten mostrar una multiplicidad de voces que ayudan a deconstruir nociones esencialistas de lo femenino y de la mujer, por tanto, la idea de un deber ser y de una imagen única. Le tengo terror a las imágenes únicas, al pensamiento único y durante muchos años se ha dicho que las mujeres escriben de determinada forma o sobre determinados temas. Eso no es cierto, no hay una unicidad, un redil en el que todas entramos. Ni siquiera una sola mujer es la misma mujer todos los días. Hay múltiples formas, múltiples temas o, incluso, muchas formas de abordar un mismo tema. Así que son necesarios, sí, porque sirven para romper los moldes.

¿Y qué opinas sobre la proliferación de antologías en español que parece manifestarse en los últimos años dentro de EE. UU.? ¿Crees que constituyen un recurso eficaz para promover la literatura en español en este país?

Sí y no. Por un lado, las antologías siempre le han permiten a los lectores aproximarse a muchos autores a la vez y tener una visión amplia de un determinado panorama. Son un excelente material de aprendizaje y consulta. Pero me preocupa mucho, precisamente, la proliferación. En primer lugar, porque creo que un recurso muy repetido agota. Al menos, a mí me agota. En segundo, porque hacer una buena antología no es fácil y va más allá de juntar a un montón de gente. Pasa por criterios de selección y edición (orden, diálogo, pertinencia) y veo últimamente demasiadas antologías hechas con poco cuidado, un mezclote de cosas sin ton ni son. Me ha pasado con varias que ni siquiera me consultan si quiero participar. De pronto, mis poemas están ahí, en un lugar en el que nadie me preguntó si quería estar. Así que me preocupa mucho que se pierda esa eficacia y también la ética del editor. La democratización de los contenidos y los saberes no pueden erigirse nunca como excusa para no ser rigurosos.

El poeta estadounidense Robert Frost definió la poesía como «aquello que se pierde en cualquier traducción». Tu colección de poesía, *Medulla Oblongata*, se publicó en una edición bilingüe, con la traducción al inglés trabajada por la reconocida poeta norteamericana Margaret Randall. ¿Se perdió «algo» en la traducción de tus poemas? ¿Cómo fue tu experiencia durante el proceso de traducción de tus textos?

La mayor alegría fue trabajar con Margaret, que es un hada madrina. Me dio nombre, me llamo Kelly gracias a ella; hizo mi primera foto cuando apenas tenía un día de nacida e introdujo a mis padres en un mundo casi inaccesible para el cubano común: el de la producción cultural de Estados Unidos en la segunda mitad del siglo XX, cosa que marcó tremendamente quién soy. Mi tesis de Maestría en Literatura Comparada fue sobre la relación entre la obra de Kerouac y la de Robert Frank, y Margaret también estuvo allí como asesora. Así que fue un honor y un privilegio que fuese ella quien tradujese mi primer libro. Ha sido para mí una iniciadora. También tradujo *Zugunruhe*, insistió en que fuera bilingüe para que el público angloparlante pudiera leerlo.

Más allá de todo eso, es una traductora increíble. Mi sorpresa también fue ella, entender lo que significa un buen ejercicio de traducción. Por un lado, tiene un conocimiento del español que no proviene meramente del estudio, sino de la vida misma. Sabe de nuestra musicalidad, nuestras cadencias y modismos y también de un montón de recovecos en su propia lengua que le permiten traspasar mejor de un idioma a otro. Claro que se perdió algo, porque nunca va a sonar de la misma manera, pero también se ganó. Hay un verso, por ejemplo, que originalmente dice *soy real* y que ella tradujo como *I exist*. La dimensión y el relieve que adquieren me parecen preciosos.

¿Es importante, para los autores latinos y latinoamericanos que vivimos en Estados Unidos, publicar en ambos idiomas?

Sí, aunque sea una vez, porque vivimos en una cultura que mayormente habla inglés y también ese lector cuenta, ese otro mundo cuenta. Entiendo que publicar solo en español puede ser un acto de resistencia frente una cultura dominante, pero también puede serlo la traducción. Traducir significa poner dos idiomas a una misma altura, tratarlos con la misma importancia, dejar claro que lo que digo también tiene derecho a existir en otra lengua.

Al principio, el único impacto era que mis amigos angloparlantes podían leer la *Medulla Oblongata* y con eso me daba por satisfecha. Ya sabemos que el mercado de la poesía es difícil y tampoco pude hacer toda la promoción y distribución que hubiera querido, así que se quedó en mi círculo. Cosa que ahora agradezco, porque ya saben que los primeros libros siempre son un poco el libro de la vergüenza. Sin embargo, hace poco salieron en *Literal Magazine* una traducción de mis poemas hecha por Melanie Márquez y, en la revista *Fracas*, unas traducciones al francés hechas por Clara Briceño y, de pronto, me encuentro con una serie de lectores desconocidos que reciben muy bien lo que hago. La idea de poder dialogar con gente tan ajena a mí es algo que me hace particularmente feliz.

El narrador cubano José Miguel Sánchez Gómez (Yoss), en una entrevista para el *SunSentinel* en la cual comentaba sobre uno de sus libros publicados por una editorial de Miami, dijo: «Mi trabajo refleja mucha de la realidad cubana, y solo quería que fuera accesible a todos los cubanos, sin importar dónde vivan, y yo quiero que lo lean en español porque uso muchas frases que no se pueden traducir a otro idioma». ¿Crees que existen términos y expresiones intraducibles?

Depende. Si hablamos de *slang*, diría que sí y no. Sí, porque no se pueden traducir literalmente sin que pierdan sentidos, referentes y códigos culturales. No, porque siempre hay equivalentes. No soy traductora, hablo desde mi ignorancia, pero asumo que depende de cómo enfrentas la traducción y de qué te interesa hacer pasar al otro lado, al otro idioma, al otro significado.

Ahora bien, si hablamos del neolenguaje y de los procesos políticos, la cosa se complica. En inglés no hay cómo traducir una palabra como Oficoda sin poner una nota a pie de página, porque la Oficoda no es solamente un registro de consumidores en Cuba, sino la Oficina de Control para la Distribución de los Abastecimientos. En la Oficoda lo mismo se tramitan la libreta de racionamiento y la reparación de electrodomésticos, que las actas de nacimiento y los cambios de residencia. A lo mejor hay un equivalente en el ruso de la Unión Soviética. En ese sentido, sí, hay experiencias que son más difícilmente transferibles.

Desde tu experiencia editorial, ¿consideras que cursar un Máster en Escritura Creativa representa algún tipo de ventaja para un escritor latinoamericano o latino?

Creo que el solo hecho de moverse en un ambiente académico facilita un montón de cosas, empezando por la posibilidad de estar mucho más activo en la producción de conocimiento. Y sí, claro que es una ventaja para un escritor latinoamericano o latino, no porque la institución te legitime, sino porque imagino que brinda una serie de recursos que permiten insertarse un poco más fácilmente en ciertos sectores del campo literario. Va desde el profesor que te lleva a una lectura hasta el compañero de clases que sirve de enlace con una revista. Pero eso es solo suposición, todavía no tengo la experiencia de la academia norteamericana y no sé si funciona de esa manera, que es como funciona en las latinoamericanas.

Veo, eso sí, que muchos de los escritores latinos que han cursado *masters* de escritura creativa, resuenan más que los que no. Sin embargo, su relación sigue siendo principalmente con editoriales independientes y no con el *mainstream* editorial, porque la literatura en español sigue siendo una literatura al margen. Veo más probable que uno de esos autores logre dar el salto hacia un gran sello fuera de Estados Unidos que dentro, a pesar de que tenemos precedentes como el de Junot Díaz y el de Elizabeth Acevedo, pero ambos escriben en inglés. Igual bien vale la pena preguntarse qué estamos definiendo como *mainstream*, porque estoy hablando en términos estrictamente de mercado editorial, pero si nos referimos a ciertos círculos donde se perfilan y validan discursos literarios, sí, es probable que estos autores tengan más posibilidades.

Eres parte de una organización sin fines de lucro que a través de las artes y la literatura educa sobre la violencia de género y empodera a sobrevivientes de violencia doméstica. ¿Cómo impacta o cómo influye en tu poesía tu trabajo en esta organización?

Acabo de terminar un libro, el tercero, que proviene de esa experiencia y que exorciza cosas. Es un homenaje a todas las que pasaron por nuestros talleres, mujeres maravillosas que me recordaron qué significa ser valiente y, en general, a todas las sobrevivientes de cualquier tipo de violencia de género, incluyéndome. Al final, el trabajo de la organización fue también un trabajo de sanación propia. Diría me hizo muy consciente del rol de la literatura como espacio de educación. Tal vez no es el más masivo, pero importa. Los libros de mujeres que escriben sobre mujeres importan, nos permiten contarnos desde nuestra propia mirada y no desde la mirada masculina. Enseñar quiénes somos no solo en el sentido de mostrar, sino también de educar.

MARIZA BAFILE:
ESCRITORA DE RAÍCES LÍQUIDAS

Mariza Bafile es la autora de novelas como *Notturno* (2009) y *Memorias de la inconformidad* (2017), esta última escrita a dos manos con el dramaturgo Enrique Bravo. El paso del idioma italiano al español en su producción de ficción es una metáfora de su propia vida: Bafile nació en Caracas, Venezuela, de familia italiana y, como confiesa en este diálogo, tuvo que volver pronto a Europa, para evitar la persecución que comenzó a sufrir su familia después de que su padre iniciara una campaña periodística para encontrar a siete sicilianos desaparecidos durante la dictadura del venezolano Marcos Pérez Jiménez (1953-1958). A Bafile, sin embargo, la temprana experiencia de desarraigos multiplicados no la detuvo. Ella misma se presenta como una defensora de los derechos de los migrantes y buena parte de su producción periodística ha sido dedicada al tema. Acaso por esta labor, entre todos los sucesos que conforman su vida como escritora y activista, llama la atención su elección como diputada para el Parlamento italiano, en representación de las poblaciones italianas en la América Meridional.

Bafile vive actualmente en New York, a donde llegó hace más de cinco años para acercarse a su hija y desde donde también comenzó a hacer periodismo. Como hizo su padre antes que ella, Bafile se involucró en la creación de espacios a favor de la representación incluyente de las y los latinoamericanos en la cultura estadounidense. De su interés, que podría reconocerse casi como una tradición familiar, nació *ViceVersa Magazine*, una revista digital y bilingüe que se autodefine como espacio del «talento y excelencia latina en el mundo».

La escritora ha asegurado que, entre todos los movimientos de su vida, en la liquidez que pronto aceptó que tienen sus raíces, encontró en la palabra un espacio de salvación. La escritura y la lectura han sido para ella ejercicios terapéuticos. Su trabajo creativo abarca diversas experiencias asociadas al lenguaje. Por ejemplo, ha sido también traductora del español al italiano de varias obras, entre las que destacan *Acuérdate del escorpión*, novela de Isaac Goldemberg, titulada como *Ricordati lo scorpione* en su traducción.

En tu reciente obra *Memorias de la inconformidad*, el personaje de Sofía comienza contando su estancia en Italia con una voz venezolana. ¿Dirías que este personaje refleja tu mirada literaria?

Cuando mi hija era pequeña escribí para ella un cuento cuyo protagonista era un niño que había nacido en un barco en medio del océano. Ese niño es un reflejo de mi identidad. Siempre sentí que mis raíces eran líquidas, que pertenezco por ratos y en parte a un país, a un idioma, a una cultura, a sabiendas que todo eso puede cambiar con la fluidez del agua.

Viví el dolor del desarraigo cuando, por primera vez, fui a Italia con mi mamá y mi hermano Mauro, más pequeño. Tenía 4 años. Mi papá había fundado en Venezuela el diario *La Voce d'Italia* y estaba realizando una investigación periodística para encontrar a siete sicilianos desaparecidos durante la dictadura de Pérez Jiménez. Tras recibir muchas amenazas dirigidas también a nosotros los niños, tanto él como mi mamá pensaron que era mejor alejarnos un poco. Finalmente, una permanencia que debía ser de meses se alargó años. Mi hermano y yo quedamos con la familia de mis abuelos, muy numerosa por cierto, estudiamos en Italia y cuando yo tenía 14 años volvimos a Venezuela. Tras esa segunda emigración aprendí a adaptarme a los cambios con la tranquilidad del agua. Cuento todo esto para decir que en mí se funden las experiencias que absorbo y acumulo en los países en los cuales vivo. En este momento, por ejemplo, estoy viviendo unos meses en Madrid y unos meses en New York y disfruto plenamente ambas ciudades.

En mi escritura se funden esas experiencias y sobre todo aflora mi pasión por el mundo de la emigración. Creo que los emigrantes son personas especiales, soñadoras, fuertes, determinadas, dispuestas a jugarse la vida con tal de tener un futuro diferente. Sin embargo, para muchos emigrantes no es nada fácil volver a preparar maletas y cerrar puertas para comenzar de nuevo en otro lugar. Los italianos que llegaron a Venezuela encontraron un espacio acogedor que les permitió construir familias y trabajos. Nunca imaginaron que un día tendrían que plantearse la decisión de volver a emigrar. No lo imaginaron ellos y menos lo imaginaron los hijos que en Venezuela realizaron estudios, construyeron amistades, encontraron amores. Ese es el dolor que siente Sofía, la protagonista de *Memorias de la inconformidad*. Cuando estaba en Italia, pocos entendían los aspectos oscuros e inquietantes del gobierno de Hugo Chávez. Eran los años en los cuales muchos jóvenes decidieron salir para buscar mejores oportunidades de vida en otras partes. Yo vivía día tras días el desgarre de las familias, de los amigos, el de mi hermano y el mío, ya que también nuestros respectivos hijos habían salido para cursar estudios universitarios en otros países. Me criticaba mucho la incapacidad de entender hasta qué punto la sociedad estaba a punto de ebullición y cómo, esa ceguera, había contribuido a llevar al poder a un militar populista. Sentí la necesidad de mostrar la faceta humana de una tragedia política a sabiendas que miles de familias italianas han conocido el camino de la emigración en primera persona o a través de las vivencias de familiares y amigos. Pensé que una novela tenía la capacidad de llegar a las emociones mucho más que los ensayos, los datos y los artículos periodísticos.

Ante esta diversidad en tu *background* cultural, ¿ubicas tu obra en alguna tradición nacional o en otra tradición?

Mis personajes nunca pertenecen a un solo lugar y en ese sentido creo que se nota la mezcla de culturas que llevo dentro de mí. Creo que en el mundo actual todos estamos construidos con ladrillos de diferentes colores, aunque algunos colores se repitan con mayor frecuencia que otros. Lo mismo pasa con mis personajes. Dependiendo de su rol y de mi inspiración reflejan más o menos una cultura.

¿Cómo te identificas entonces? ¿Cuáles son los adjetivos que le pondrías a tu profesión? ¿Eres una periodista y escritora latina, latinx, latinoamericana, venezolana, italiana?

Es una pregunta difícil. Odio todas las discriminaciones y por lo tanto me gusta el término latinx, aunque se refiera esencialmente a los latinos que nacieron

70

en o llegaron muy pequeños a Estados Unidos, y no es mi caso. Al mismo tiempo siento que las raíces italianas, el idioma italiano, han dejado unas marcas profundas en mi manera de ser, así que diría periodista y escritora italiana, pero en cuanto lo digo recuerdo las muchas veces en las cuales me sentí muy diferente de los italianos y con una gran nostalgia hacia muchos aspectos del ser venezolano, así que te diría venezolana, y finalmente siento que, estando en Estados Unidos, aprendí el valor de ser parte de una comunidad más amplia, así que te diría latinoamericana.

No sé. Creo que soy todas y ninguna.

¿Dirías que es importante el país de origen de una autora que escribe en español en Estados Unidos? ¿Marca diferencia en las oportunidades editoriales que esa autora encuentra?

Creo que para algunas autoras de habla hispana en Estados Unidos es importante quedar aferradas a una identidad, un país de origen. Otras prefieren hablar desde su nueva identidad, reflejo de la mezcla con la realidad nueva en la que viven. En cuanto a las oportunidades editoriales sí, pienso que el país de origen puede marcar una diferencia importante.

En 2014, fundaste *ViceVersa Magazine*, en un momento en que abundaban las publicaciones digitales en español y en inglés. ¿Cuál considerabas que era la importancia de fundar un espacio de su tipo a pesar de la proliferación de otras publicaciones?

La mayoría de los medios dirigidos a los latinoamericanos en Estados Unidos cubren las informaciones del día a día, realizando una labor que aprecio mucho y que viví a través del diario *La Voce d'Italia* que fundó mi papá en Venezuela y que ahora dirige mi hermano. Cuando llegué a New York empecé a realizar unas entrevistas a venezolanos que habían logrado notoriedad en el mundo cultural. Las hacía para el «Papel Literario» del diario *El Nacional*. Me di cuenta de la enorme cantidad de latinoamericanos que destacaban en todos los ámbitos del saber, desde el cultural hasta el científico, desde el económico hasta el social. Mi hija y socia, Flavia Romani, y yo pensamos que podía ser interesante juntar voces diferentes para crear un espacio que pudiera superar el día a día y promover el análisis y la reflexión a través de la palabra y de la imagen. Un espacio que uniera más allá de la estricta pertenencia geográfica, de la edad, de la formación de cada quien. Queríamos transformar *ViceVersa Magazine* en un lugar virtual para una comunidad unida por un mismo idioma, respetuosa de las diferencias y dispuesta a dialogar, pensar, crear y compartir ideas.

La revista tiene una amplia visibilidad en el mundo hispano en Estados Unidos. Su diseño sobresale entre otras publicaciones de su tipo, y además presenta parte de su producción en traducción al inglés. Al cabo de seis años de esta labor como editora, ¿cuánto ha mutado el proyecto que pensaste originalmente?

Desde un primer momento Flavia Romani como Directora de Arte y yo, en calidad de directora, decidimos dar lo mejor de nosotras. El nivel de exigencia hacia nosotras sigue siendo muy alto y siempre analizamos críticamente nuestro trabajo para ver cómo mejorarlo. En cuanto a los cambios puedo decir que al poco tiempo *ViceVersa Magazine* fue asumiendo el lugar que soñamos para ella. El aporte de las colaboraciones escritas y visuales es tan enriquecedor y constante que nos permite mostrar la capacidad de análisis, crítica, creatividad de los hispanos, estén donde estén. Empezamos siendo una publicación semanal y desde hace dos años, agregamos diariamente nuevos materiales en las secciones de opinión y crónica. *ViceVersa Magazine* se transforma siempre más en una plataforma de pensamiento, en un espacio para la reflexión y el debate, en un lugar virtual que une a todas las personas de habla hispana. Además, reseñamos y promovemos los eventos culturales que desarrolla la comunidad hispana en New York.

En el transcurso de estos años se cumplió también otra de las metas que nos pusimos al comenzar la publicación. La de crear un espacio de encuentro no solamente virtual sino también físico para hablar de temáticas de actualidad. Creamos *Bitter Laughter* (www.bitterlaughter.com) y durante tres años, en colaboración con la universidad The Cooper Union, organizamos eventos internacionales relacionados con la sátira. Contamos con la participación de invitados muy reconocidos que llegaron de España, América Latina y Estados Unidos. El primero lo dedicamos a la sátira política, el segundo a las mujeres caricaturistas y el tercero a la novela gráfica con corte social y político. Paralelamente organizamos otros encuentros nacionales en colaboración con *The New Work Space*, durante los cuales invitamos a un especialista y a un músico, para hablar de temáticas diferentes, desde la emigración, hasta la realidad de la comunidad LGTBQ o el fotoperiodismo en un país particularmente peligroso para los trabajadores de la prensa como México, etcétera. Cada uno de estos eventos reunió a un numeroso público que vive en New York y se siente parte integrante de *ViceVersa Magazine*.

Pronto saldremos con un *podcast* que se llamará *Neoyorquinos*.

¿Cuáles han sido los mayores retos para sostener *ViceVersa Magazine*?

Al igual que otras publicaciones independientes, *ViceVersa Magazine* sobrevive gracias a las afiliaciones. Y también gracias a la generosidad de nuestros colaboradores y a la dedicación de Flavia y mía. Sostenerla económicamente es muy difícil. Si bien nos han ayudado un poco los eventos nacionales e internacionales que hemos realizado, lo único que permanece y ayuda de verdad son las afiliaciones.

Llama la atención que la revista tiene varias secciones sobre el coronavirus y un balance entre escritura creativa y periodística. ¿Cómo percibes la relación entre ambas expresiones o profesiones y cómo esta relación alimenta tu obra?

En este tiempo tan particular, durante el cual la pandemia ha nivelado todos los países obligándonos a vivir una misma experiencia de encierro, ansiedad, miedo, resulta casi catártico expresar esos sentimientos a través de la escritura y del arte. Muchos de nuestros colaboradores escriben sobre este tema analizando sus repercusiones en nuestras vidas e imaginando las que tendrá en el futuro. A través de una serie de entrevistas a colaboradores quienes viven en diferentes partes del mundo, quisimos dar una visión amplia de esta problemática.

Como dije, la revista es una plataforma de pensamiento y muestra la capacidad de análisis, crítica y creatividad de los latinoamericanos y los españoles. Eso permite unir la escritura creativa con la crónica periodística, la opinión política o cultural y mantener una línea editorial propia que marcan los editoriales.

En cuanto a mí, puedo decir que en mi profesión conviven la curiosidad del periodista y la imaginación del escritor. No podría imaginarme sin una de estas dos partes. El periodismo me permite conocer miserias y esplendores de los seres humanos, la creatividad se nutre de ese conocimiento y, al mismo tiempo, me da alas para volar cuando la realidad noticiosa se vuelve tóxica.

¿Crees que la crítica artística en general y la crítica literaria en particular tienen alguna responsabilidad en la divulgación de la literatura en español en Estados Unidos?

El español como idioma, como cultura, se está imponiendo cada día con más fuerza en todos los Estados Unidos. Hay siempre más personas interesadas en expresarse en español y en leer en español. Podemos entonces decir que la crítica literaria está obligada a asumir una responsabilidad en la divulgación de nuestra literatura. No sé si existe un movimiento suficientemente honesto como para dialogar con las carencias y logros de nuestra literatura; sin embargo, creo que empiezan a crearse redes entre los diferentes autores que nos permiten tener interesantes y nutritivos intercambios.

Los estereotipos del ser latinoamericano abundan en cierta zona de la literatura escrita por latinos en Estados Unidos, que, casualmente, puede llegar a ser la más privilegiada por ciertos medios. ¿A qué crees que se debe este fenómeno? ¿Consideras que puede cambiar en los próximos años a pesar del clima político?

Lamentablemente los estereotipos son difíciles de combatir. Se insinúan entre las personas, permean las sociedades anulando las diferencias y algunos autores lamentablemente los refuerzan. Creo que debemos asumir el firme compromiso de contribuir a combatirlos, a desenmascarar los paradigmas que disminuyen y catalogan a los latinoamericanos. Tenemos que mostrar que no reflejan nuestra realidad. Les cuento una anécdota: en Italia está muy arraigado el estereotipo de la mujer venezolana como una mujer hermosa, coqueta, deseosa de encontrar a un marido que la mantenga. Es una imagen que construyeron a partir de los certámenes de belleza y de algunas telenovelas. Sabemos que es una imagen profundamente errada. Cada vez que aparecía en una conversación o una entrevista, me sentía muy ofendida. Entonces fui a hablar con la directora de la revista semanal del diario más vendido de Italia *Il Corriere della Sera* y le hablé de la vida real de las venezolanas. Le dije que las mujeres de ese país están acostumbradas a trabajar y a mantener a los hijos, que los hombres en algunas familias son más una hipótesis que una realidad y que entre ellas existe mucha solidaridad. Quedó tan sorprendida que me pidió escribir un artículo. Luego otro periodista de la televisión nacional me entrevistó para hablar del mismo tema. Fue un granito de arena, pero si sumamos voces podemos romper paradigmas.

¿Cómo percibes el futuro de la escritura en español en Estados Unidos? ¿Prevalecerán los estereotipos o vislumbras algún cambio en los intereses del *mainstream*?

Dependerá de nosotros. Hay que escribir y escribir en español. Tenemos que dar rienda suelta a nuestra creatividad sin condicionamientos, sin intentar ser nuevos García Márquez a toda costa. Tenemos que contar la verdad de nosotros. Y, sobre todo, tenemos que construir nuestro espacio, colaborar, ayudarnos a publicar, a hacer visibles nuestros escritos. El éxito de uno debe ser el éxito de todos.

ANA TERESA TORO:
«ANTE TODO SOY PUERTORRIQUEÑA»

En el cuento «La maranta», de Ana Teresa Toro, la protagonista, recién cumplidos los 50 años, explica a su hija una especie de trilogía de las permanencias, que le funciona como filosofía de vida. Para el personaje de Mara Marta, las personas se dividen en tres: Las que se van y nunca vuelven; las que se van y regresan, que «traen siempre noticias de afuera, sacuden el aire». Y las que «nunca van a ninguna parte y nos quedamos aquí, guardando la memoria, recordando que en aquella esquina que hoy día está abandonada, antes hubo el gran Cine Real de San Juan, o que en ese cuarto de la casa alguna vez hubo gente que rio a carcajadas cada noche». Un poco de su personaje tiene Ana Teresa Toro, puertorriqueña por nacimiento y por elección, defensora de la independencia de su país cuya condición de colonia en el siglo XXI define como un anacronismo salvaje.

Autora de la novela *Cartas al agua* (2015), Toro es también escritora dramática y colaboradora asidua de importantes medios de prensa de América Latina, que van desde los puertorriqueños *Diálogo* y *El Nuevo Día* hasta la revista argentina *Anfibia*, pasando por *The New York Times*. Y aunque en esta entrevista comenta cuán diferentes son sus resortes para hacer periodismo y escribir ficción, su oficio de periodista cultural resulta clave en la comprensión de toda su obra, por lo demás muy prolífica. En 2012 la Fundación Gabriel García Márquez para el Nuevo Periodismo Iberoamericano la invitó al Encuentro Nuevos Cronistas de Indias, como parte de un grupo de catorce jóvenes periodistas destacados en Latinoamérica.

Por todas las convergencias políticas y de oficios que habitan su identidad, la historia de Ana Teresa Toro es también una reflexión sobre la historia de su país, armada en torno a su insularidad, su decisión de ser y escribir en puertorriqueño.

Comentas que te resonó el título de la entrevista «Escribir sin país» porque en Puerto Rico muchas veces se trata de ser extranjero en tu propia tierra. ¿Cómo explicas ese desarraigo?

Hace unos años pensaba que vivía en un país que no sabe que es país y que muchas veces no quiere ser país. Corría el año 2012 cuando escribí acerca de esa idea. Entonces, Puerto Rico aún no había vivido la quiebra económica del 2016, ni el devastador huracán María en el 2017, ni tantas otras crisis que vendrían después y que me hicieron repensar esa sentencia. Aun así, algo queda de eso. Me explico.

Si bien Puerto Rico comparte con América Latina tanto el idioma —que ya de por sí es muchísimo y es un filtro para interpretar el mundo— y un pasado histórico colonial bajo España, la realidad inescapable es que es el único país latinoamericano que nunca se independizó. Nuestra historia nos hizo pasar de una experiencia colonial a otra bajo los Estados Unidos a partir de 1898.

Para contestar esta pregunta, primero debo tomarme la libertad de reformular la premisa, pues en el caso puertorriqueño ocurre algo muy interesante. Existimos como nación, hay sin duda una conciencia de país, una identidad puertorriqueña innegable. El país Puerto Rico es una realidad que trasciende su realidad política. Existe a nivel simbólico, cultural, emocional e incluso en algunas instancias internacionales como el reconocimiento que ostenta por parte del Comité Olímpico Internacional y algunas ramificaciones de la UNESCO. Y más allá de eso, es un país que existe en el reconocimiento de una identidad propia por parte de todos los puertorriqueños y puertorriqueñas que viven en la isla, en los Estados Unidos o en cualquier parte del mundo. Existe la nación puertorriqueña, pero no somos un estado nación. Ahora bien, desde un punto de vista exclusivamente político y de organización estatal, Puerto Rico es una colonia moderna —la más antigua del mundo— estructurada bajo un gran malentendido, una condición política que se contradice a sí misma en su propio nombre: un Estado Libre Asociado de los Estados Unidos, un territorio que pertenece a, pero no forma parte de, según definido. De hecho, los asuntos de Puerto Rico se dilucidan en la comisión de recursos naturales del Congreso. Es decir, como decía el poeta Nicanor Parra, «creemos que somos país, pero en realidad solo somos paisaje». Al menos, desde un punto de vista práctico y estructural, pareciera que lo único que importa es el territorio. Ahora, ¿la gente?... pues ya ves, reciben papel toalla tras el ahogo que provoca un desastre natural de las dimensiones catastróficas del huracán María.

Curiosamente, o más bien, acomodaticiamente, en inglés el nombre de la relación política que la isla tiene con los Estados Unidos desde el 1952 se denominó el *Commonwealth of Puerto Rico*. Sin embargo, a pesar de que existe una palabra exacta para la traducción (mancomunidad), en español se ha denominado Estado Libre Asociado. El malentendido no solo parte de su nombre, sino del hecho evidente de que el estatus político de la isla es un eufemismo que se ha prolongado por más de seis décadas para ocultar su insostenible condición colonial.

Cuando digo que a veces en Puerto Rico pareciera que vives como extranjero en tu propio país, me refiero principalmente a los aspectos burocráticos que vienen con la ambigua relación política que tenemos con los Estados Unidos. Por ejemplo, en muchas instancias los puertorriqueños no sabemos cómo llenar formularios en los que Puerto Rico figura como estado de los Estados Unidos y como país independiente a la vez. En otras instancias nos aplican las leyes de minoría, cuando en realidad no somos minoría en la isla, ese calificativo aplica a quienes viven en los Estados Unidos. En mi caso yo me siento en casa en la isla y me siento extranjera en los Estados Unidos, aunque mi pasaporte sea azul de nacimiento, aunque en el país ondeen dos banderas y se canten siempre dos himnos.

Quizás esta anécdota lo ejemplifica mejor. Durante la presidencia de Obama, se llevaron a cabo en San Juan vistas públicas para debatir cómo debían estar los puertorriqueños representados en el Museo Latino que se estaba proyectando construir en Washington DC. Asistí a aquellas vistas y recuerdo que me impactó particularmente la respuesta de la extraordinaria pintora puertorriqueña Myrna Báez. Ella argumentó que su obra no debía figurar en un Museo Latino porque ella era una pintora puertorriqueña, que en su país no vive atravesada por la experiencia de la migración que caracteriza a las comunidades latinas en los Estados Unidos. Fue enfática en explicar que la obra de los artistas puertorriqueños que viven y trabajan en los Estados Unidos tiene todo derecho a figurar allí, mas no la suya. Inmediatamente me identifiqué con ella y su postura. Mi escritura, mi obra, es la de una autora puertorriqueña, caribeña y latinoamericana. Eso no significa que tenga algún problema con el calificativo latina. De hecho, cuando estoy en los Estados Unidos y trabajo desde allá, estoy clara en que ese es el grupo al que pertenezco y que mejor me representa. Después de todo, bajo la gran patria de la lengua, todos somos familia. Lo que sucede es que es una identidad que no puedo sentir primaria porque no corresponde a mi experiencia de vida. Quizás si hubiese vivido años allá, o llevase mucho tiempo inmersa en la cultura, sería distinto, pero no es mi caso. Amo mi latinidad y la hermandad natural que surge cuando entro en contacto y diálogo con las comunidades latinas de los Estados Unidos, pero ante todo soy puertorriqueña y en mi país no soy migrante, aunque al llenar los documentos del gobierno tenga que llenar los encasillados de las minorías. Es confuso, a veces estamos como un perro que se muerde la cola.

Entonces una coletilla obligada para la primera pregunta: ¿Puerto Rico es Estados Unidos?

Esa es la pregunta que todo puertorriqueño y puertorriqueña se ve obligado a contestar cada vez que viaja y las respuestas varían tanto como lo hacen los deseos de los boricuas de cara a la resolución del estatus político. Hay quienes aspiramos a la independencia y para nosotros —una minoría que fue el resultado de una represión histórica efectiva— Puerto Rico no es Estados Unidos puesto que la identidad nacional va por encima de cualquier realidad política, más aún tratándose de la experiencia colonial. Quienes favorecen el estatus actual, en desarrollo, con mayor autonomía o con visión soberanista, opinarían probablemente de modos más ambiguos. Si bien compartimos una actitud y visión puertorriqueñista hacia el país, en este grupo diverso y en debate constante, encontrarías respuestas tan variadas como: sí, definitivamente es Estados Unidos, o te dirían que no lo es, pero que en el país se valora, se aprecia y se quiere continuar con una relación cercana con los Estados Unidos. Por otro lado, el ala anexionista, un grupo que constituye aproximadamente un poco menos de la mitad de la población —a veces más a veces menos— aspira a que Puerto Rico sea el estado 51. En ese grupo hay quienes claman por una «estadidad jíbara», es decir, un estado en el que se hable español como primer idioma y se mantengan nuestras tradiciones e identidad nacional. También en ese grupo hay quienes te dirán que Puerto Rico es Estados Unidos e incluso exigen que cuando se hable de nación en el país, se hable de los Estados Unidos.

Si nos vamos a lo concreto, lo razonable sería decir que Puerto Rico tiene una identidad cultural y nacional independiente de los Estados Unidos, pero políticamente, al ser un territorio no incorporado es parte de, pero no pertenece a, como establece la definición. Naturalmente, esta respuesta no responde nada, por eso es mejor atenerse a la historia. Puerto Rico no es Estados Unidos porque no somos un estado más. Se llevan a cabo primarias de los partidos demócratas y republicanos, pero no se puede votar en las elecciones presidenciales, por ejemplo. Y a su vez, Puerto Rico está dolorosamente ligado, atado y amarrado a los Estados Unidos porque independientemente de cualquier acuerdo histórico, la isla se encuentra bajo una condición política colonial.

Esa realidad se complica porque a su vez, durante las primeras décadas de la implementación del Estado Libre Asociado, Puerto Rico se convirtió en la gran vitrina del Caribe y alcanzó una entrada a la modernidad, con industrialización y baja importante en los niveles de pobreza que convirtió al país en una especie de colonia feliz. Lo que sucede es que, tras casi 15 años de crisis económica, agudizada por la frecuencia de los desastres naturales —terremotos y huracanes— que son el ejemplo más claro del descalabro climático global, las crisis políticas y ahora la pandemia, esa colonia feliz que no se reconocía a sí misma como colonia, ha comenzado a verse al espejo y aceptar lo evidente. ¿Qué es una colonia del siglo XXI? Un anacronismo salvaje, un experimento sin grupo control, una condición política injusta. Eso también es Puerto Rico.

¿Ha influido la historia nacional tu obra literaria en términos de temas y de lenguaje?

Sí. Mucho. A veces de manera consciente y a veces de manera inconsciente. Cuando trabajo la no-ficción, el tema del colonialismo me interesa particularmente. Sobre todo, desde un punto de vista íntimo y humanista, más allá de sus vertientes políticas. Es decir, me interesa entender qué le hace a un ser humano en su psiquis y toma de decisiones el nacer y crecer bajo la experiencia colonial, y qué efectos tiene esto en la construcción de la sociedad. Por ejemplo, en Puerto Rico hay una cultura de gerentes muy amplia y no ocurre lo mismo con el empresarismo. Vamos a la universidad para aprender a ser administradores, pero muy pocas veces se estimula el riesgo que implica emprender negocios propios y ni hablar de lo mucho que el estado complica estos procesos. Por ello, la cultura del capital privado suele ser muy tímida a la hora de involucrarse en los asuntos gubernamentales y sociales, así les afecten directamente.

Actualmente estoy trabajando en un libro que se titulará *Éramos una colonia feliz*, acerca de la historia reciente de Puerto Rico, el desplome del proyecto del Estado Libre Asociado, las múltiples crisis —económicas, ambientales, sociales, salubristas y políticas— que estamos viviendo vistas a través del cristal de la memoria y la mirada humanista.

Ahora, en el campo de la ficción me ha pasado en varias ocasiones que no me propongo abordar ningún tema relacionado a la historia del país y termino recibiendo agudas lecturas políticas de mis textos. Ocurrió con mi novela *Cartas al agua* (La Secta de los Perros, 2015). Al escribirla estaba convencida de que aquello era una novela romántica sin mayores aspiraciones, sin embargo, no fueron pocas las personas que interpretaron algunas de sus imágenes como una metáfora de la condición política del país. Por ejemplo, en un momento uno de los personajes observa con fascinación como cae la lluvia sobre el Océano Atlántico y se sorprende al darse cuenta de que la imagen parece formar una cárcel de agua, hermosa, pero cárcel al fin. Para muchos lectores y lectoras, esta escena es un diálogo con la condición isleña, con el insularismo y con la experiencia colonial que limita las posibilidades de desarrollo económico en la isla.

En fin, quizás la historia me atraviesa porque me importa, porque me interesa luchar desde la escritura contra la perspectiva hiper-individualista que tanto daño hace a las sociedades alrededor del mundo. Lo estamos viendo durante la pandemia. Si no acabamos de entender que lo que le afecta a uno afecta a todos, no vamos a salir de esta ni de ninguna crisis. Entonces, siempre me he sentido muy parte del colectivo, de la comunidad, de la familia, aunque a veces tenga un carácter tímido, antisocial y lo que le llaman en inglés «ambivert», una característica de quienes pueden tener espacios de extroversión, pero en el fondo son animales de la cueva y profundamente introvertidos. Quiero decir, con esta digresión, que más allá de mi carácter o de cualquier otra consideración, mi conciencia y sentido de pertenencia para con Puerto Rico trasciende cualquier otra identidad y eso se traspasa de forma natural a la escritura.

En una entrevista de 2017 decías: «Yo no me siento *latina*». ¿Qué adjetivos o gentilicios le pondrías a tu calificativo de «periodista y escritora»?

Suelo colocar un asterisco en mi mente cada vez que se le añaden «apellidos» a las palabras para definir aún más lo que ya está definido. Ha ocurrido con la literatura. En un interés loable y valioso por abrir espacio a la representatividad, se crearon las categorías de literatura de mujeres, literatura LGBTTQ y un largo etcétera. Sin embargo, el problema con esto ha sido que estas se han convertido en subcategorías y en la industria son tratadas como literatura de menor calidad o solo apta para lectores con estos intereses. Y eso es un problema, pues a la literatura universal, no se le imponen categorías y alcanza ese espacio precisamente universal al que toda buena literatura aspira. En este caso, que más bien se refiere a la identidad que acojo como autora, me basta con decir periodista y escritora puertorriqueña, luego y en este orden diría: caribeña, latinoamericana y latina. Ojalá llegue un día en el que no sea necesario acompañar de apellidos estos calificativos.

Uno de los rasgos que más destacan en tu obra es el humor, un humor sin estridencias, pero que nace de la sencillez de tu lenguaje. ¿Por qué es importante para ti mantener este estilo que, aparentemente, está alejado de la imagen de lo femenino tradicional?

Las mujeres en la comedia han denunciado muchas veces la injusta construcción de un imaginario femenino en el que las mujeres no pueden ser graciosas, ni acceder al humor con la misma libertad que los hombres. Supongo que porque el humor requiere de una libertad total a la hora de tocar los temas más dolorosos, trágicos e incómodos de la sociedad. En mi caso nunca aspiré a hacer reír o a trabajar el humor con mis textos, pero sucedió casi por accidente. Mi primera pieza presentada públicamente —entonces yo tenía 18 años— fue un monólogo titulado *La novia*, que contaba la historia de una chica que llevaba su traje de novia en el baúl de su carro por cualquier eventualidad. A lo largo de su relato, ella iba contando acerca de todas las ocasiones en las que estuvo a punto de sacarlo y cómo aquellos intentos fracasaban una y otra vez. Para mí era una historia triste, de una mujer joven que no veía en su futuro nada más que la posibilidad de usar aquel vestido. Su valor como mujer estaba ligado a aquellas telas y era incapaz de ver algo más. Sin embargo, mis aspiraciones de autora dramática quedaron en el vacío pues cada vez que el monólogo se presentaba —no importaba el perfil de la audiencia— todo el mundo se reía a carcajadas. Entonces, acepté que quizás había ahí un terreno para explorar. No era mi intención, pero creo que a veces es más importante escuchar, leer a la audiencia y abrirse a sintonizar con los públicos. El ejercicio de la escucha es mucho más activo y profundo de lo que se reconoce y para mí es fundamental. Oye, y no se trata de hacer «lo que pega» o «lo que vende» o lo que está de moda, sino de tener todos los sentidos bien abiertos para reconocer cuándo una idea resuena mejor con la gente y tener la humildad de entender que una no es más que un medio para que esas ideas se manifiesten en el formato en que mejor puedan ser liberadas, si es desde el humor, pues que así sea.

Por un lado, como dices, el uso de un lenguaje sencillo es para mí muy importante. Me interesa que la gente me entienda, y me importa entender los conceptos claramente para poderlos comunicar. Es obvio que si una tiene la capacidad de explicar algo en un lenguaje sencillo es porque lo ha entendido en toda su profundidad. Además, en este oficio el ego es muy mal consejero. Nunca me ha interesado parecer inteligente, o particularmente culta. Me interesa conectar con el otro, con la otra, con quienes están allá afuera haciendo el ejercicio de capturar el rumor del viento.

Por otro lado, esto no se manifiesta de la misma manera en el campo del periodismo. Recuerdo en una ocasión que escribí una crónica acerca de un tema muy serio, pero repleta de imágenes que causaban mucha gracia. Y en ese momento, mi mentor Jon Lee Anderson me hizo un señalamiento que le agradeceré toda la vida. Me dijo que el manejo del humor era estupendo, pero que al terminar la crónica uno solo recordaba esas estampas graciosas y no recordaba nada del contenido periodístico que debe llamar a la acción e indignación ciudadana, que era el corazón del texto. Ahí entendí que, en el periodismo, el uso del lenguaje y de los recursos de la literatura, deben estar sí, pero siempre al servicio ético de proveer la información relevante para la toma de mejores decisiones en una democracia. Que no es otra cosa, que para cumplir con la función del periodismo en la sociedad.

Además de periodismo y novela, has publicado cuentos, has hecho teatro. En tu proceso creativo, ¿cómo te planteas escribir un género u otro?

Creo que las historias piden su formato. Una crónica, por ejemplo, te permite atrapar un fragmento del tiempo porque de eso se trata, de llevar a los lectores de la mano a caminar contigo, atravesar un periodo de tiempo y vivir una experiencia que les permita colocarse directamente en los zapatos de otras personas. La ficción es su propio animal y me aproximo a ella sobre todo con curiosidad. El ejercicio de escribir no-ficción suele contestarme preguntas que no sabía que tenía, mientras que el ejercicio de la ficción suele llevarme a lugares que no imaginé. Quiero decir que, en ambos casos, la curiosidad y el afán de descubrir lo que el texto puede revelarme es el motor principal. Por una cuestión práctica —soy periodista de oficio— he trabajado más en el terreno de la no-ficción, pero estoy convencida que ambos territorios narrativos sirven al mismo propósito, pues son dos caminos distintos para acceder a la verdad. Y en tiempos en que reina la posverdad, este acceso es más necesario que nunca. Después de todo, una verdad literaria puede tener más fuerza que una verdad factual, al menos si de la búsqueda de empatía se trata. Y empatía es una de las cosas que más falta nos hace como sociedad, para trascender los discursos de odio que nos dividen.

Volviendo a tu novela _Cartas de agua_, fue publicada por una editorial independiente ¿qué importancia tienen estos proyectos frente al _mainstream_ editorial?

Tienen otros objetivos y hay un valor inmenso de curaduría independiente que nutre considerablemente la oferta editorial. Por otro lado, el acceso a un público lector amplio es una carencia que, en ocasiones, viene con esa independencia, aunque cada día es más fácil trascenderlo gracias al uso de la tecnología para difundir las obras. También, confieso que son espacios en los que me siento a gusto, conozco a todos sus integrantes, siento que tengo una voz y se trabaja desde el amor. Eso puede sonar idealista, pero si puedo vivir bajo ese ideal, por qué no. Claro, esto no significa que no se trabaje desde esa mentalidad en grandes casas editoriales, tampoco que no aspire alguna vez a publicar en una plataforma más grande que me permita llegar a más lectores, significa básicamente que uno se acerca a estos espacios consciente de lo que son y esto te da una comodidad y una libertad de creación muy valiosas.

Cuando publico en el principal periódico de mi país, lo hago a conciencia del público amplio y diverso al que va dirigido y también del tipo de historias que encontrarán espacio en este foro, mientras que cuando publico en alguna revista especializada, lo hago con la misma conciencia de intimidad y línea editorial que emana de ese proyecto. Creo que en medios grandes y comerciales es posible lograr muchas cosas, trabajar con las entrelíneas y publicar proyectos interesantes, y también es posible publicar trabajos de pobre calidad en medios independientes y más pequeños. ¿Qué quiero decir? Que a mí me interesan los proyectos hechos con amor y conciencia, luego es cuestión de encontrar la sintonía con un proyecto específico.

¿Ser mujer periodista y escritora es estar en desventaja en el mundo editorial? ¿Se ofrecen más oportunidades a los hombres escritores?

Ser mujer nunca ha sido una limitación mental en el ejercicio de mi oficio, pero lo que yo piense o sienta con relación a mi derecho de escribir y hablar de ciertos temas, no es cónsono con la cultura y la sociedad. ¿Que el mundo editorial es machista? Naturalmente, como cualquier otro espacio profesional. Lo es porque la sociedad es machista y ese barómetro que favorece a los hombres por encima de las mujeres, sobre todo cuando de oportunidades se trata, trasciende el pensamiento individual. Está engranado en todas las capas de la sociedad y en todas las interacciones sociales. Es sistémico sin duda.

A su vez, debo reconocer que, en mi historia, nunca he tenido problemas para publicar un texto o un libro por ser mujer. Quizás porque comencé mi carrera como periodista cultural y estos espacios en los diarios históricamente han sido atendidos por mujeres (algo que a su vez es problemático y le ha impedido a las mujeres su pleno desarrollo en otras fuentes periodísticas), o quizás porque cuando comencé a publicar profesionalmente hacia el año 2004, es posible que existiera algún nivel de conciencia en cuanto a estos temas. No me consta, pero podría ser. Igual, al día de hoy, apenas hay una mujer dirigiendo un periódico en Puerto Rico, los espacios de opinión suelen ser limitados para las mujeres y un largo etcétera de experiencias discriminatorias que encuentra sus homólogos en cualquier industria en el mundo.

Pero para contestar la pregunta propiamente: Sí, hay desventaja porque todavía estamos hablando de literatura de mujeres, porque los lectores hombres no suelen interesarse por las historias donde hay mujeres protagonistas, negándole a nuestra experiencia su universalidad. Y quizás, como mujeres escritoras, aún en ocasiones nos limitamos a la hora de explorar personajes masculinos en su profundidad. No debería ser así.

¿Consideras que es importante debatir sobre identidad y género en la literatura?

No sé si debatir *en* la literatura en sí, sino más bien, continuar desde la literatura explorando los inagotables matices del género y las identidades asociadas a este en toda su diversidad. Si la literatura se ocupa, desde una perspectiva amoral, de permitirnos acceder a la experiencia de la humanidad de otra persona, en estos tiempos en los que en la calle se debate y se cuestiona tanto las nociones de orientación sexual, género, identidad de género y demás, sería un oasis maravilloso que nos permitiría conectar con la humanidad tan rica que existe en la diversidad de géneros. Del mismo modo, no es responsabilidad de la literatura sostener estos debates que, de hecho, ya ha abordado desde el inicio de la primera novela moderna. Recuerdo cándidamente aquel pasaje del Quijote, donde se cuenta la historia de Dorotea, en el que un cura vestido de mujer observa con deseo a la joven Dorotea que está vestida de hombre y parece un muchacho. Obviamente, el género no se circunscribe a los confines del vestuario, pero es un ejemplo concreto de que la literatura se ha ocupado desde siempre de cuestionar y sobre todo de presentarnos la experiencia humana en toda su complejidad.

En tu obra también hay una intención explícita por alejarte del estereotipo del ser puertorriqueño.

Sin embargo, los estereotipos parecen abundar en la literatura del *mainstream*. ¿A qué crees que se debe esta predilección por los estereotipos, si es que estás de acuerdo con que existe?

Es curioso porque hay ocasiones en las que me siento tan estereotípicamente puertorriqueña como la que más y lo llevo a mucho orgullo. De hecho, en un plano personal, mis amistades bromean en ocasiones advirtiéndome que si sigo como voy, me va a crecer una amapola por detrás de la oreja. No me incomodan ni los clichés, ni necesariamente le hago la guerra a los estereotipos todo el tiempo. Sin duda, estereotipar tiene consecuencias dañinas en la sociedad y no debe tomarse ligeramente. Sin embargo, me interesa explorar de dónde surgen los estereotipos, cómo se fortalecen y cómo se cuestionan. Ocurre lo mismo con el cliché. En una canción, un cúmulo de clichés pueden resultar en una pieza memorable, de esas que se cantan como himnos de generaciones. Y esa misma letra, llevada a la literatura o a la poesía, se siente vacía de todo significado. Entonces, hay espacios para el cliché, hay espacios para jugar y quizás hasta romper un estereotipo, armándolo.

En cuanto a si existe una predilección, francamente, no lo sé. Creo que los lectores y lectoras son inteligentes y pueden reconocer un estereotipo cuando lo leen, y cuestionarlo y criticarlo o incluso, disfrutarlo.

Ya comentabas que tienes lo que puede considerarse una extensísima experiencia en el periodismo cultural, ¿consideras que la crítica artística en general y la crítica literaria en particular tienen alguna responsabilidad en la divulgación de la literatura en español en lo que se reconoce como territorio de Estados Unidos?

No solo tienen una enorme responsabilidad, sino que están llamados a educarse con relación a cómo interpretar estas obras, entendiendo cada vez más nuestras culturas y trascendiendo los límites que el eurocentrismo ha impuesto históricamente en la literatura. Nuestro filtro para comprender al mundo, manifiesto a través del idioma, es fundamental para entender la experiencia estadounidense contemporánea en toda su complejidad. En el caso estadounidense, es tiempo también de asumir la mirada a nuestras literaturas como un ejercicio de autoconocimiento, pues a estas alturas de la historia, es imposible hablar de la literatura estadounidense sin incorporar con toda legitimidad la literatura en español escrita en y desde los Estados Unidos.

Una de las luchas más extensas de las mujeres ha sido por dejar de ser encasilladas en el espacio privado. Sin embargo, haz hecho de esto un tema público con tu hermosa «Carta a Nicanor, nacido en medio de la pandemia», publicada en *The New York Times*. ¿Qué valor tiene para ti debatir públicamente lo privado y en particular un tema como la maternidad?

Es interesante porque en *El Nuevo Día* tengo dos columnas, una que publica en la revista dominical que se titula «Mujer en construcción» y otra de tema libre que publica en la sección de «Opinión» del diario y en la que abordo principalmente temas de política. Escribo de ambos temas de manera simultánea y en mi experiencia sin mayor distinción. Lo mismo ocurre con el trabajo que realizo para medios como *The New York Times*, lo mismo puedo escribir acerca de cuestiones muy íntimas como la maternidad o la experiencia de crecer en un hogar puertorriqueño escuchando los horóscopos de Walter Mercado, o argumentar acerca de la situación política y social de mi país tras el huracán María o la revuelta popular del Verano del 19.

Honestamente, no me preocupa ser encasillada o no a la hora de elegir un tema. Sobre todo, porque siempre me ha interesado mucho más la gota que el mar. Es decir, me ocupan más las historias pequeñas para entender los grandes relatos. A su vez, claro que la premisa es correcta. Las mujeres no solo hemos sido encasilladas en el universo de lo privado, sino que, al día de hoy, nuestra voz fuera de esos espacios suele generar incomodidad o, cuanto menos, suspicacia. No importa la experiencia, la educación o la calidad del análisis, cuando entramos en diálogos del espacio público, siempre se reciben nuestras posturas pasadas por el filtro de la duda o la sospecha. Y esto no solo les ocurre a las mujeres, sino también a todos aquellos y aquellas que construyen su identidad desde lo femenino. Lo que ocurre es que pienso que eso es una cuestión que me trasciende y que se manifiesta entre los lectores y lectoras. Por lo tanto, no va a influir mi deseo de abordar un tema o el otro.

A esto añado el modo en que una se aproxima a las ideas. Para mí el universo privado es materia de escritura en tanto y en cuanto siento que mi experiencia puede servir para que los demás se encuentren a sí mismos. A nadie le importa lo que me pase a mí o lo que sienta o padezca, a la gente le interesan los textos que les permitan procesar lo que cada uno está viviendo. La gente quiere verse a sí misma en el texto, si eso ocurre mi experiencia tiene sentido como texto. Por esa razón siento que no me expongo deliberadamente, sino que más bien, ofrezco un fragmento de mi intimidad al servicio de ese fin ulterior que es la posibilidad de que la gente se reconozca a sí misma y encuentre palabras, imágenes o anécdotas para nombrar sus experiencias. El mismo objetivo persigo cuando escribo acerca de temas públicos, porque lo público también nos pasa a un nivel íntimo y privado, solo que lo experimentamos de manera colectiva. Digo que es el mismo objetivo porque muchas veces recibo mensajes de personas que han encontrado en alguna columna o crónica sobre los mal llamados temas duros, las palabras necesarias para describir su realidad o sus sentimientos con relación a los temas del país. Entonces, todo me lleva al mismo sitio, a la noción de servicio.

No creo que el lugar de la literatura sea el estar llamada a servir, creo que ese atributo se lo otorga la gente. Pero en mi caso, a mí me gusta ser útil, me importa como obrera de las palabras armar frases que sirvan de algo. Creo que es el camino que elegí y no distingo entre una ruta privada o pública. Me importa servir.

JENNIFER THORNDIKE:
UNA LITERATURA DESARRAIGADA DE
CONVENCIONES SOCIALES

Jennifer Thorndike nos propone explorar una forma de hacer entrevistas que antes no habíamos experimentado. Ni por escrito, ni en persona, sino por WhatsApp. Lee las preguntas que le hemos enviado en su cuestionario, graba sus respuestas en mensajes de voz y pulsa «enviar». El proceso resulta atractivo, una forma de actualización del método de hacer entrevistas que, además, aligera un poco el tiempo de la transcripción. Thorndike responde a sus preguntas en medio de una agenda que declara llena de otros compromisos editoriales: más entrevistas, mesas en línea sobre su literatura; y lo hace, de hecho, unos minutos antes de participar en una presentación en línea de la antología *Ellas cuentan*, programada por el *book club* del Instituto Cervantes de Chicago.

Ellas cuentan. Antología de Crime Fiction por Latinoamericanas en EE.UU. (2019) fue editada por Melanie Márquez Adams y Gizella Meneses, y es un poco el lejano origen de la serie de entrevistas aquí reunidas, aunque también un reto para explorar a autoras antes desconocidas para nosotras. Thorndike, sin embargo, es un nombre inevitable debido a su presencia en buena parte de las antologías más contemporáneas que pretenden dialogar con la literatura en español en Estados Unidos. Es llamativo que, aunque ella declara su preferencia por escribir novelas —es autora de dos—, su inclusión en colecciones de narrativa breve del tipo *Ellas cuentan*, ha sido numerosa, especialmente en los últimos años. Además de su participación en proyectos realizados en Perú y México, cuentos suyos forman parte de *Ni Bárbaras ni Malinches: Antología de narradoras en español en Estados Unidos* (2018); *Escritorxs salvajes: 37 Hispanic Writers in the United States* (2019); *Diáspora: Narrativa breve en español de Estados Unidos* (2020), entre otras obras.

En 2017, fuiste parte de una antología de escritores nacidos en los años ochenta, *Arraigo/Desarraigo*. ¿Es tu literatura una obra del desarraigo?

Es una pregunta muy interesante, no lo había pensado antes, pero creo que sí es una literatura de desarraigo. En algún sentido es una literatura del desarraigo de las convenciones sociales, desde mi primer libro de cuento *Cromosoma Z*, que trataba de relaciones entre mujeres y en ese momento, 2007, no era tan común que existiesen libros que tomaran esa temática. Entonces ahí había como un intento de escribir sobre algo de lo que no se hablaba mucho. Por otro lado, también los personajes no hacían un cuestionamiento tan fuerte hacia su identidad, sino que la asumían y vivían sus relaciones sin cuestionarse, por ejemplo, por qué le gustaba una chica. La historia iba ya a hablar de las relaciones en sí.

Luego en mi novela *Ella*, el gran tema es la madre y cómo es muy difícil hablar de la madre de una manera negativa, porque tiene esta figura fuerte y sagrada. A la madre casi no se le puede tocar, a la madre casi no se le puede criticar si nos guiamos por estas convenciones que siempre hemos escuchado. Madre es madre y hace todo por sus hijos, por el bienestar de sus hijos, cuando eso no necesariamente es cierto. Ahí había un desarraigo a esa figura sagrada de la madre. Y *Esa muerte existe* tenía esta idea también de expresar un desarraigo muy fuerte hacia la idea de familia como el lugar seguro, casi sagrado, donde siempre vamos a estar protegidos.

Podría decirse que, en América Latina, son tres o cuatro los países con más hegemonía en el canon literario de la región. ¿En qué mapa literario ubicas tu narrativa? ¿Te reconoces en una tradición nacional o en otro tipo de tradición?

Es difícil de contestar esta pregunta, en el sentido que yo creo que en mi país, Perú, quizás sería exagerado llamarme dentro de una tradición. Creo es que soy parte de una camada de escritoras que empezó a publicar a mediados de la década pasada y en medio de un gran auge de las editoriales independientes que dieron una voz a las autoras y a los autores jóvenes en ese momento. Tuve la suerte de poder vivir ese periodo. Tuve la suerte de poder publicar en una editorial independiente y luego también tuve mucha suerte de que mi primera novela, *Ella*, tuviera buena acogida entre los lectores. Entonces ahí fue que di el paso a la editorial grande y a publicar en Penguin Ramdom House. También coincidió con un momento en que los grupos editoriales grandes estaban apostando por las voces de esta década en la que yo aparecí. Comencé a publicar muy joven, tenía 23 años cuando publiqué por primera vez, y ellos quisieron captar a los autores que habíamos publicado en ese momento.

En Perú lo que ha sucedido es que muchas escritoras mujeres hemos empezado a publicar y eso es algo bueno. Hay mucha más escritura de mujeres de la que había antes, sobre todo en la narrativa. Hay mucha poesía por supuesto, pero hay también la narrativa que se ha enriquecido muchísimo con esta camada de escritoras que comento. Supongo que el tiempo tiene que pasar para decir si esto va a ser parte de una tradición, un canon diferente al que habíamos tenido, sobre todo por ejemplo en la narrativa, con la presencia tan fuerte de Mario Vargas Llosa para la literatura peruana.

Y en cuanto a los otros países, creo que también se ha abierto un poco más el campo literario. Siempre salir de tu país es difícil, pero estamos ahí tratando de hacer la lucha también para conectarnos con otros autores y que otros autores nos lean y que puedan recomendarnos y así llegar a otros públicos. Tenemos también la suerte que muchas personas de América Latina están trabajando como profesores acá en Estados Unidos, y creo que tenemos la oportunidad de poder compartir nuestras lecturas de otros países con nuestros alumnos y es algo también muy positivo.

¿Te consideras entonces una escritora peruana, latinoamericana, latina, o latinx? ¿Cuál es la relación entre esta identidad y el lenguaje de tu escritura?

Siempre he pensado que la identidad es muy flexible. Desde que llegué a Estados Unidos, para mí ha sido más fuerte la identificación con ser una escritora latinoamericana, hispana, que nació en Perú. Obviamente, creo que antes mi identificación era ser una escritora peruana, pero eso cambió al venir a trabajar y a estudiar en Estados Unidos.

¿Qué opinas de estas etiquetas? ¿Piensas que es necesario para los autores etiquetarnos, dejar clara nuestra identidad en la obra literaria?

Yo creo que eso de las etiquetas es algo muy personal. Si tú quieres tener una etiqueta me parece bien, si no la quieres tener y quieres ser flexible, también me parece bien. Creo que uno tiene que identificarse con lo que se siente cómodo, donde siente que ha encontrado un lugar.

Uno trae una historia consigo que tiene que ver con todo: identidad, experiencia, en fin, muchas cosas. Y que todo eso va a estar en la obra siempre. No sé si es necesario decirlo o reafirmarlo, depende mucho de qué tipo de libro estás escribiendo. Obviamente si estás escribiendo un libro que tiene más que ver con la realidad de tu país, hay una idea de hablar de ciertos temas o poder identificarlos. Si no, puedes estar escribiendo sobre otras cosas que tienen una escritura o temas más universales. Pero igual siempre creo que la experiencia personal va a estar en las historias que contamos.

¿Dirías que es el país de origen de una autora que escribe en español en Estados Unidos marca diferencia en las oportunidades editoriales que esa autora encuentra?

Yo creo que sí marca diferencia. Cuando yo vine a Estados Unidos, descubrí que el mundo literario en inglés era bastante diferente al que estaba acostumbrada en Perú. Para tener una publicación o una traducción debes tener un agente que trate de buscar estas oportunidades. Hay una industria muy diferente.

Creo que la suerte que tenemos los escritores que escribimos en español y vivimos en Estados Unidos es toda una red de editoriales que se ha formado y que publican a muchos autores, e inclusive reeditan algunas de las obras que se habían publicado en los países de origen de esos autores. Es muy difícil, por ejemplo, tener acceso a un autor que ha sido publicado en Perú porque esos libros se venden solamente en Perú. En cambio, con esta red de editoriales independientes de acá, hemos podido acceder a algunas de esas obras que no accederíamos normalmente.

Este cambio me gusta porque me parece que muestra a una comunidad muy bonita que se ha creado, donde nos conocemos, podemos tener eventos, donde creamos como un mundo paralelo al mundo editorial en inglés que hay en Estados Unidos. Es un fenómeno interesante y que me produce mucha alegría que exista y podamos interconectarnos, conocernos, ir a diferentes ferias, leernos el uno al otro y, como decía hace un momento, hasta poner estas lecturas en nuestras clases en escuelas de Estados Unidos.

Se podría decir que muchos latinoamericanos tenemos una relación complicada con este país en el que vivimos. En una entrevista para *The Paris Review*, la autora canadiense Margaret Atwood dice que «complication is a matter of how you perceive yourself in an unequal power relationship». ¿Cómo percibes tu obra literaria y a ti misma dentro de dicha relación?

Creo que esta pregunta tiene relación con la anterior. Es cierto que puede haber esta percepción de ti mismo en una relación desigual de poder en cuanto a la literatura de este país y la que decía que producimos paralelamente. Sin embargo, este es un lugar de resistencia ¿no?

Siempre he visto, sobre todo cuando vine a vivir al *Midwest*, que el español se podía percibir como un arma de resistencia. Eso es algo que me gusta porque cuando conservamos nuestro idioma, conservamos esa identidad latinoamericana, la forma de escritura. Y es una forma de tener poder sobre lo que hacemos, sin tener que adaptarnos o cambiar por vivir en un país diferente al nuestro. Entonces creo que me gusta esta red, esta comunicación, esta comunidad, que tenemos de todos los autores que vivimos acá y a la que veo además como un mecanismo de resistencia.

¿Cuáles son las diferencias más importantes entre escribir en español desde Filadelfia —donde estudiaste tu doctorado— y hacerlo desde una ciudad pequeña de ese *Midwest* que mencionas?

Para mí ha sido más difícil escribir desde que estoy acá. Antes estaba haciendo un doctorado, tenía mucho más tiempo para escribir que ahora que tengo que enseñar.

Pero al margen de este cambio, la pregunta está más relacionada con mi mirada. Para mí lo más fuerte de haber cambiado de lugar en Estados Unidos es descubrir las diferencias que hay en un pequeño pueblo del *Midwest*, donde la gente no está tan acostumbrada a la diversidad, no está tan acostumbrada a escuchar acentos diferentes, donde no está tan acostumbrada a ver personas diferentes. Enfrentar eso ha sido una pelea y una lucha constante desde que estamos aquí.

Además, es la primera vez que no vivo en una ciudad grande. Entonces mi vida es diferente, hago más cosas en casa que fuera. A pesar de que no he escrito mucho estando aquí en el *Midwest*, sí escribí un cuento de una persona que vive una situación bastante similar a la mía, en un lugar pequeño. Comparándolo con un cuento que escribí de una situación muy parecida, pero que transcurría en Filadelfia y a un personaje que estaba estudiando un doctorado, me di cuenta de cómo había cambiado mi perspectiva en cuanto a las cosas de la vida que me parecían difíciles en Filadelfía y las que me parecen difíciles acá. Para mí fue un gran descubrimiento leer los dos cuentos, me he dicho que lo que pensaba antes que era muy difícil, ahora me parece muy tonto. Obviamente todos los cambios personales se reflejan en la escritura.

Parece que te refieres a tu cuento «Sobrevivientes»,- que aparece en la antología _Ni Bárbaras ni Malinches_ y que expone la parte no tan agradable de estudiar un doctorado en Estados Unidos. Un cuento valiente, pero que acaba con un abrazo muy inesperado. ¿Ese abrazo entre dos personajes se trataba de una necesidad personal de reconciliarte con tu experiencia en el PhD?

Sí, es el cuento «Sobrevivientes» al que me refiero y es muy interesante esta perspectiva en el sentido de que mucha de mi escritura siempre tiene finales bastante oscuros. Terminar ese cuento con el abrazo no sé si tenía que ver con la idea de reconciliarme yo con mi PhD, pero sí con la idea de decir que todos, en realidad, vivimos lo mismo, enfrentando esta parte oscura de estudiar un doctorado y de la competencia, aunque mucha gente no lo diga.

Para mí la competencia siempre ha sido un tema muy importante, es un tema además que creo está en nosotros. La competencia no es sana, hace mucho daño. Hemos sido criados en esta idea neoliberal de que todos tenemos que destacar y competir para ser el mejor; pisar al otro para sobresalir, cuando la realidad no es así. Estamos viendo que lo que se necesita es una cultura de comunidad, de ayudarnos entre nosotros, de tratar de pensar cómo hacer para que los otros también puedan vivir bien a través de la ayuda mutua. Creo que eso es lo que significa un poco ese abrazo al final de «Sobrevivientes».

Al releerlo ahora me parecía una experiencia lejana

y veía cómo mis prioridades han cambiado. Cuando se termina el PhD hay nuevas dificultades: el mercado de trabajo es difícil, se viven cambios de ciudad, el enfrentarte a diferentes perfiles de alumnos. Los problemas que tienen tus nuevos alumnos también son muy diferentes y te sientes afectada como profesora si ellos están pasando por momentos complicados. El otro cuento al que me refería se llama «Desierto» y para mí es mucho más fuerte y significativo porque habla de esta idea de una profesora que se siente discriminada, pero que se encuentra con una alumna que se siente discriminada por razones mucho más fuertes, más poderosas y terribles. Muchas veces esa profesora no sabe cómo ayudar a su alumna y trata de hacer lo mejor que puede, pero siempre cree que no es suficiente.

Esto explica cómo cambió mi propia perspectiva de un cuento a otro. En «Desierto», la perspectiva final es mucho más oscura. No se sabe si la alumna va a poder regresar a clases porque no está en el programa de DACA y tampoco se sabe si ese programa se va a renovar. Aunque hay una suerte de incertidumbre en ambos cuentos por no saber qué va a pasar con sus personajes, una perspectiva es más optimista que la otra.

Es debido a este *background* que nos comentas que tu escritura se desarrolla tanto en el ámbito literario como en el académico. ¿Cuáles son algunos de los encantos y desencantos de moverte entre estos espacios diferentes?

La escritura creativa es el espacio de la libertad, el espacio donde uno puede escribir lo que quiera. Donde puede escribir en el estilo que quiera, con la fuerza e intensidad que uno quiere. Y para mí eso es muy importante, la fuerza y la intensidad que uno pone en la escritura.

La escritura académica no es así. Por más apasionado que seas sobre un tema de investigación, no va a ser lo mismo escribir, digamos, una novela que un artículo académico. La escritura académica es el espacio donde tienes que seguir ciertas reglas. Si no las sigues, las revistas académicas te devuelven quinientas veces un artículo para que lo vuelvas a escribir. Hay correcciones en la escritura creativa, pero no porque tengas que seguir reglas estrictas para publicar. Se trata de otro tipo de sugerencias, muy diferentes. La gran diferencia que hay es entonces que uno es espacio de restricción, frente a un espacio de creación libre.

No he tenido tantos problemas de pasar en uno al otro. De hecho, un par de veces las he llevado a la vez: cuando estaba escribiendo una parte de una tesis y una novela a la misma vez y, luego también, terminando mi tesis y haciendo correcciones sobre una novela. Es bastante agotador, pero los resultados ahí están. Hacía academia en la mañana y escritura creativa en la noche, así los separaba un poco.

Parece difícil equilibrar los dos tipos de escritura.

Hay muchos escritores que hemos venido a estudiar el doctorado en Estados Unidos y ya habíamos publicado narrativa antes. Considero que soy escritora desde que empecé a escribir, cuando tenía catorce años.

Lo que pasa a veces es que, en la escritura académica o la investigación, es fácil caer en la transcripción casi exacta de ciertas teorías políticas, teorías históricas o teorías literaria, tratando de copiar lo que el autor original dijo. Por ejemplo, cuando hice mi tesis de doctorado, mi marco teórico estaba compuesto por obras de Foucault, Agamben en la biopolítica, Derridá. Sus teorías son muy valiosas, creo que enriquecen mucho la literatura, pero como escritora de ficción no puedes apelar a ideas tan estructuradas, en un lenguaje tan denso, porque el lector se termina aburriendo. Cuando abro una novela espero que la densidad de su escritura no sea la de un texto teórico, a pesar de que pueda ser una novela que tenga mucha profundidad en sus ideas. Creo que las personas que vienen de los dos ámbitos tienen la tarea de pasar un filtro entre poner la teoría en un artículo académico e incluir ideas sobre esa teoría en una novela.

Yo personalmente he tratado de evitar escribir sobre académicos y sobre escritores. Es una cuestión bastante personal. Creo que mis personajes no necesariamente tienen que estar relacionados con lo que yo hago y las historias que cuento necesitan otro tipo de personajes.

Los cuentos de los que estábamos hablando tienen personajes relacionados con la academia. Pero en «Sobrevivientes», por ejemplo, traté en un tono de burla como la compañera de la protagonista dice cosas muy enredadas, como cuando estás en una clase de doctorado. ¿Por qué hablamos así en la academia, por qué complicamos las cosas así? Creo que, aunque incluyas en la creación las cosas que has aprendido en la academia, nunca será de la misma manera.

Además de estos cuentos, comentabas has publicado novela. En el proceso creativo, ¿cuáles son algunas de las diferencias fundamentales entre la ficción breve y la de largo aliento?

A mí sinceramente me gusta más escribir novelas. Creo que el cuento a veces no me deja tanto espacio para hablar de todo lo que quisiera hablar ni desarrollar tanto los personajes. Mis cuentos han sido más como crear escenas y viñetas.

Mis novelas podrían parecer que no son tan diferentes en ese sentido, porque también tengo escenas que van de una historia o de un episodio de esta historia a otro. Pero hay un desarrollo mucho más profundo de los personajes. Puedo entrar mucho más en la psicología de ellos, que es algo que me gusta hacer.

Me cuesta igual escribir los dos. Creo que escribir un libro de cuentos me parece más difícil porque tienes que crear diferentes historias para cada cuento. De hecho, nunca he escrito un libro de cuentos partiendo de la idea de que va a tener una temática o de que voy a hablar sobre algo específico. Lo que he hecho ha sido compilar cuentos que he ido escribiendo. Ahí hay una diferencia técnica con otros cuentistas o escritores que escriben solamente libro de cuentos o prefieren escribir libros de cuentos y sí lo hacen de esa manera.

Para mí, en cambio, es la novela la que tiene cierta estructura que sigo, aunque no esté completamente definida cuando empiezo a escribir. Prefiero moverme en la novela y soy una escritora de novelas cortas, así que no creo que sea una escritora de largo aliento, porque prefiero tener historias cortas y muy poderosas en todas mis novelas.

¿Qué ventajas representa para un escritor latinoamericano contar con un título de PhD de una universidad norteamericana? ¿Hay una relación entre estos programas y el *mainstream* editorial?

Sinceramente lo que más me dio el PhD en la relación con la escritura creativa, es la capacidad de investigación. Me gusta mucho investigar y eso lo descubrí formalmente cuando hice el PhD. Lo que aprendí ahí me ayudó a hacer lo mismo con mis novelas e investigar sobre las cosas que no sabía. O sobre lo que quería escribir y no sabía mucho.

Ahora, si existe alguna relación entre estos programas

y el *mainstream* editorial, no lo sé, no es mi experiencia. Pero mi PhD es académico, no es creativo. No he hecho un MFA. En el PhD, la gran mayoría son personas que estudiaron la literatura hispánica y quieren tener un trabajo en la Academia o siendo profesores. No son escritores. Es verdad que hay escritores, sobre todo entre las personas que hemos venido de Latinoamérica a hacer el PhD en Estados Unidos, pero esto no significa que haya alguna relación directa con poder publicar acá. Quizá con lo que sí tiene relación es con la creación de estas redes de las que hablaba hace un momento, porque permite encontrar a otras personas con los mismos intereses y que están haciendo lo mismo que nosotros hacemos.

Hablando específicamente del mercado editorial en español en Estados Unidos, ¿consideras que es más difícil publicar o que existen mayores retos para una escritora que para un escritor?

Lo primero que debería decir es que las cosas han cambiado para bien. Cuando publiqué mi primer libro en 2007, había personas que decían: bueno yo no leo mujeres porque son mujeres y bla, bla, bla. En fin, todas esas cosas que hemos escuchado tantas veces. También había una queja muy fuerte de que las escritoras no aparecían tanto en medios como los escritores. Y estoy hablando de Perú, porque yo publiqué en Perú. Creo que esto ha cambiado para bien. Esta camada de escritores que aparecieron a mediados de la década pasada abrió la perspectiva de muchos lectores y de la prensa por dar más espacio a muchas escritoras que formaban parte de este grupo dentro de Perú. Muchos lectores, que son los más importante obviamente, ahora compran nuestros libros. Antes no.

En cuanto a publicación, por lo menos las editoriales independientes sí han dado mucha cabida a escritoras que estaban empezando su carrera a mediados de la década pasada. Estas escritoras han seguido publicando, la gran mayoría, y también muchas pasaron a las editoriales grandes, que ya tienen mucha más presencia en Perú ahora. Hay muchas cosas en las que hay trabajar, por supuesto, pero el panorama sí me parece mejor comparado con el de hace trece años, cuando publiqué por primera vez.

En este mismo sentido, ¿qué piensas de la proliferación de antologías en español que parece existir en los últimos años en Estados Unidos? ¿Crees que constituyen un recurso eficaz para promover la literatura en español en este país?

Considero que las antologías son, por supuesto, un muy buen recurso. Tenemos la oportunidad de leernos, oportunidad que no hubiéramos tenido si estas antologías no existieran. Tenemos la oportunidad de enseñar estos cuentos en clase, que, si no existieran estas antologías, probablemente no podríamos hacerlo.

Creo que sí es un recurso muy bueno para promover la literatura en español. El reto está obviamente en ampliar los lectores lo más que se pueda para que el material no se quede entre los autores. Sé que es difícil buscar lectores afuera, pero mientras más antologías haya, también hay más posibilidades de llegar a los lectores que leen español en Estados Unidos.

En una entrevista reciente mencionas que uno de los temas principales de tu investigación académica involucra la literatura latina en Estados Unidos, sobre todo aquella escrita por mujeres. ¿Por qué es importante para ti incluir en tus clases la obra de autoras latinas?

La inclusión viene como algo natural porque una

parte de mi tesis es sobre la migración, y de forma natural se pasa de temas como migración a estudiar latinos que viven en Estados Unidos y, por lo tanto, a explorar, descubrir ese mundo a través de la literatura. Esta inclusión ahora es muy importante porque tenemos una gran población de estudiantes latinos y latinas en el *college* que no encuentran ningún curso que hable de cultura latina. Teníamos solamente un curso de este tema y estamos preparando la creación de otro.

Estos esfuerzos que estamos haciendo como departamento (de Lenguajes, Culturas y Literaturas Modernas) en Monmouth College son importantes también para tener una currícula más diversa e inclusiva, donde los alumnos que se identifican como latinos puedan sentirse reflejados; y también para que los alumnos que no son latinos puedan explorar y conocer las diferentes realidades de Estados Unidos. Hablamos de una diversidad doméstica y creo que es algo que le debemos a los estudiantes latinos de nuestro *college*.

Aunque has vivido fuera de tu país desde hace varios años, los medios peruanos siguen de cerca tu carrera literaria y frecuentemente te entrevistan y reseñan tus libros. ¿Consideras que esa visibilidad está relacionada a ser una escritora peruana en Estados Unidos?

Mi carrera sigue en Perú porque sigo publicando en Perú, y creo que siempre uno va a generar más atención en su país de origen. No creo que haya cambiado esta atención por haber venido a vivir a Estados Unidos. Digamos que la prensa y los reseñistas han sido más generosos conmigo, si queremos ponerlo así, mientras mi carrera ha avanzado. He tenido la suerte de tener dos ediciones de mi última novela *Esa muerte existe* y tres de *Ella*, la novela anterior. Este interés de los lectores, estas diversas publicaciones han contribuido a seguir generando atención de la prensa de mi país sobre lo que escribo. Creo que la cosa va más por ahí, y no tiene mucha relación con Estados Unidos.

FRANKY PIÑA:
«LA LITERATURA TIENE QUE SER HONESTA.
NO IMPORTA DESDE DÓNDE ESCRIBAS»

Pródiga es la palabra de Franky Piña. Pocas las preguntas que necesita para contar su historia personal en el mundo de la escritura, la edición, la promoción cultural, la alta cocina; una historia que empieza en México, en el mercado del hermoso pueblo de Tequisquiapan, y que fluye hoy en el barrio mexicano de Pilsen, en la ciudad de Chicago. En la historia de Piña, que es, en buena parte, la de las y los artistas mexicanos en el norte de Estados Unidos, la migración y la literatura se entrecruzan con la necesidad de fundar espacios de diálogo cultural: en la década de 1990, fue miembro del grupo creador de las revistas *Fe de erratas* y *Contratiempo*, y desde 2014 dirige el portal digital *El BeiSMan*, donde la literatura latinoamericana encuentra espacio activo, sin importar en qué idioma esté escrita.

Es que para Franky Piña la honestidad es la clave de todo: de la buena literatura y de la buena cocina, de las posturas políticas y también de la identidad. Por eso no teme confesar cuánto han cambiado sus ideas sobre lenguaje, homofobia y emigración desde que llegó a Estados Unidos a finales de la década de 1980, para, casi terminando este diálogo, lanzar una pregunta que se torna espejo de muchos de nuestros mundos: «¿Por qué aferrarse a decir entonces soy cubano, soy mexicana, soy puertorriqueño, si a fin de cuentas seguimos estando jodidos?».

Piña es, sin duda, una metáfora de la perenne transformación que ha significado ser migrante en cualquier época: «Yo soy inmigrante de la generación que emigró después de la famosa crisis del 82 y que vino a cambiar completamente el tipo de inmigrante que llegaba a Estados Unidos. A partir de esa crisis, comenzó a desmoronarse la clase media en México. Por lo tanto, los patrones migratorios dejaron de ser completamente rurales y se transformaron en más cosmopolitas, más de las ciudades. Comenzó a emigrar una clase que no podía terminar sus estudios universitarios o que incluso venía con títulos».

«A diferencia de las migraciones cubanas, sudamericanas, que en los años setenta ya eran profesionales muchos de los que se estaban exiliando; la comunidad mexicana generalmente venía de provincia, de los pequeños pueblos, rancherías y no de grandes urbes. Pero con esta nueva generación de los años ochenta, llegaron artistas, escritores, doctores. No importa que se incorporaran al sector obrero, de servicio, limpieza, restaurantes; traían una formación académica y, por lo tanto, también traían ciertos hábitos de lectura. Las librerías en Chicago comenzaban a pegar ya no solamente con periódicos con noticias del terruño, sino también con otro tipo de libros».

«Llegué a Chicago, como todo migrante, porque vivía un primo aquí, Raúl Dorantes, que también es escritor. Él estaba involucrado en una organización que ayudaba a los inmigrantes, y casi todos los integrantes de esa organización eran también parte de esa nueva ola de inmigrantes que tenía una conciencia política. Soy parte de esa generación y llegué a Pilsen».

¿Ser una escritora mexicana en Pilsen es diferente a serlo en Chicago?

Pilsen históricamente era un puerto de entrada de inmigrantes polacos, albanos y alemanes. Cada una de las iglesias que están en este barrio pertenecen a un grupo étnico diferente. En los sesenta hubo un gran plan de *gentrification* que se llamó Plan 21. Entonces la comunidad mexicana estaba alrededor de la calle Tylor, compartiendo espacio con la comunidad latina. Se habían asentado ahí porque en esa zona estaba el trabajo para la construcción de las vías del tren, muy cerca del centro de la ciudad. Pero con este Plan 21 desplazan a la comunidad mexicana, les prometen que sus hijos van a ir a la Universidad de Illinois y los empujan hacia el sur, hacia Pilsen, que está muy cerca de la Universidad.

En ese momento, el sur ya estaba en decadencia, pero poco a poco comienzan a crear este barrio. Comienzan a afianzarse organizaciones sociales. Surge un movimiento muralista en 1968, con un mural de Mario Castillo que se llamó *Metafísica*. Regresan de Vietnam jóvenes mexicoamericanos que comienzan a formar sus propias organizaciones, a pintar murales, comienzan a transformar el barrio y la cultura. Había grupos de teatro callejeros.

Cuando yo llego a Pilsen existen organizaciones civiles en un barrio sólido. Mi generación nunca se incorporó al movimiento chicano, había dos o tres miembros del movimiento; pero quizás por la lejanía con la frontera, quizás por el frío, Pilsen se volvió un lugar muy, muy purista donde tratábamos de mantener la cultura mexicana, las tradiciones, el idioma español lo más puro que se pudiera.

O sea, a diferencia de la generación de los años cuarenta y cincuenta que habían tratado de incorporarse a la cultura *mainstream*, a nosotros nos interesaba, de alguna manera, aferrarnos a nuestra cultura original. En Pilsen hubo revistas, poetas, muralistas; pero creo que en los años ochenta se produce un giro. La inquietud de las organizaciones sociales comienza a despertar la conciencia de mucha gente, y en 1989 se desmorona el muro de Berlín. Entonces hubo un desencuentro y ante organizaciones de marcada izquierda, latinas, mexicanas, surgieron otras de derecha, también muy marcadas.

En medio de todo eso, llegó un amigo poeta desde Guadalajara, Febronio Zatarain, y aquí forma un taller literario. Primero, se leyeron y analizaron libros del boom latinoamericano, que era algo nuevo para nosotros los autodidactas. Mi primo Raúl fue fundador del grupo. Y como mi primo también era mi *roommate*, comencé a leer de retache. No quería quedarme fuera de las tertulias y leía para poder participar. El taller se volvió entonces un grupo de escritura. No quería entrar, tenía miedo, pero me interesaba la literatura. Se fueron sumando obreros, maestros, gente a quienes se les despertó el mismo interés. Solamente Febronio Zatarain tenía ya un bachillerato en Sociología y había sido profesor de literatura.

Llegó el momento en que me animé a escribir y era un proceso muy religioso: cada 8 días teníamos que someter un texto nuevo. Ya no solo discutíamos los libros, sino que se revisaban nuestros textos, pero en una carnicería misógina increíble. Pocas mujeres entraron al grupo, pocas sobrevivimos el machismo, el nivel de críticas y ofensas.

¿Estaban ya avanzados los años noventa?

Era 1992 y llegó un momento en que todos teníamos textos escritos. La librería Tres Américas publicaba la revista *tres américas*. Pero desde ahí nos veían con cierto recelo. Éramos una generación más joven, que tal vez consideraban que no teníamos su misma calidad. En *tres américas* publicaban generalmente profesores sudamericanos, cubanos, que enseñaban en las universidades. Pero nosotros nos habíamos hecho en el barrio prácticamente, y nos habíamos hecho como inmigrantes. Esa diferencia marcó el destino de toda nuestra generación, a la que Naida Saavedra llama la Generación del 92.

Se empezaban a popularizar las computadoras y queríamos crear una voz. Así que dijimos: si no nos publican, si no hay un medio para nosotros, vamos a crearlo. Creo que es una característica del inmigrante: si no tienes algo, lo inventas, creas una alternativa.

¿Y qué crearon?

En abril de 1992 apareció el primer número de la revista *Fe de erratas*. Nos reuníamos en la biblioteca Rudy Lozano, aquí en el barrio. Se acababa de abrir y tenía una buena colección de libros en español. Pronto nos invitaron también a dar conferencias sobre los libros que leíamos, para tener esa interacción con la gente del barrio. La biblioteca tenía un nivel muy comunitario.

Decidimos sacar *Fe de erratas* con nuestros propios recursos por tres años, fueron doce números. Al principio nos interesó la ficción y la poesía. Creo que la poesía es casi siempre lo primero que se escribe, quizás por la gran influencia de las canciones. Un cuento requiere más técnica, más método; la novela mucho más. Pero al principio había mucha poesía. Nosotros mismos distribuíamos la revista. Llegaron otros amigos que ya habían estudiado literatura, como el nicaragüense Ricardo Armijo y se sumaron al proyecto.

No estábamos conscientes de que hacíamos una revista experimental, pero estábamos experimentando con todo: con la forma, el uso de mayúsculas. Eran cosas que habían hecho los escritores de la literatura de la Onda, pero que en Chicago eran novedad. Para nosotros poner el nombre de la revista de cabeza, era un juego. Después de que se sumó Ricardo Armijo al Consejo Editorial, se nos ocurrió mandar la revista a todos los Departamentos de Español en Estados Unidos de los que teníamos noción. Para nuestra sorpresa comenzaron a mandarnos poemas, cuentos y la revista comenzó a crecer. *Fe de erratas* no era una revista académica, pero la participación de gente de la academia comenzó a demandar más calidad. Cuando llegó después otro amigo peruano, Marco Escalante, con ideas de publicar ensayos, nos lanzamos a explorar ese mundo. *Fe de erratas* ya no solamente era literatura, sino comenzaba a ser también de reflexión, sobre todo de reflexión sobre teatro, exhibiciones, películas, todo para entender nuestro contexto y todo desde 1992 hasta 1995.

La revista mejoró mucho, pero ya no era fácil publicar porque había que mantener cierto nivel a favor de nuestra propia credibilidad.

¿Por qué desapareció *Fe de erratas*?

Todos teníamos otro empleo, la pagábamos de nuestra plata, los talleres para producirla eran carnicerías. Llegó el momento en que, por problemas sobre todo personales, decidimos no continuarla. La sepultamos y nos dijimos unos a otros: no nos queremos ni ver. Pero cada uno siguió con la idea de trabajar presentaciones, de leer poesía en eventos comunitarios. Sacamos otras revistas después, pero en formato periódico que era más barato. Es que a medida que la revista se iba perfeccionando sus costos también iban subiendo. *Fe de erratas* se volvió prácticamente nuestro padrote.

Hablas mucho del migrante como la figura que es capaz de perder su vida en la frontera. ¿Cómo habías llegado tú?

Como buena parte de esa generación de los ochenta, soy de los que llegaron con una visa de turista y se quedaron. Podías demostrar que tenías ciertos fondos en México, que tus padres tenían negocios y te daban una visa. Sí hubo otros que cruzaron el río. Pero llegar al barrio de Pilsen se convertía en una experiencia completamente distinta. Aquí la realidad te decía: no importa que vengas de una clase media o comerciante, en avión o cruzando el río, aquí eres inmigrante.

Por décadas se aceptó el fenómeno de que el exiliado no se llamara a sí mismo migrante. Se decía: yo no, yo no emigré, yo soy exiliado por razones políticas. Y hasta ahora, creo que por las políticas de Donald Trump, compañeras y compañeros se han aceptado como inmigrantes, porque se dieron cuenta en los últimos años de que no importa el color de tez, sino que, ahora sí, todos somos mexicanos. Nos cayó el veinte de que estamos todos en una misma bolsa, cuando antes sí había esa manera de diferenciarse y decir que unos hacíamos literatura inmigrante y otros no.

¿Consideras importante mantener este discurso sobre la migración en el arte?

Creo que es una pulsión. En un ensayo Milán Kundera decía que quien emigra una vez, emigra para siempre. Constantemente estamos migrando, si no geográficamente, sí políticamente, emotivamente, estamos en un movimiento constante y eso es migrar. La literatura misma está en movimiento.

La transición de *Fe de erratas* a otras revistas como *Tropel*, que después también fue *Contratiempo* fue parte de ese movimiento. *Contratiempo*, que todavía existe, aunque de los fundadores nadie queda, surgió a partir de la Guerra del Golfo. Nos preguntábamos dónde había una voz intelectual que nos representara. Los medios en español en Chicago son de las corporaciones, entonces, ¿dónde quedaba la voz de los migrantes? No era justo lo que estaba pasando, necesitábamos un espacio donde crear un diálogo más allá de las convenciones de la información, un diálogo más intelectual, menos trivial. Y dijimos: este será nuestro último proyecto en conjunto y será *Contratiempo*. Hicimos las paces, cada quien le entró con mil dólares de inversión y fundamos una revista mensual.

¿Por qué el interés por generar constantemente estas conexiones con el presente inmediato, y especialmente en relación con la emigración?

En *Fe de erratas*, teníamos conversaciones con el nicaragüense Ricardo Armijo, que en paz descanse, y nos decía que podíamos dedicar un número al color azul. Eso es posible; de hecho, parte de lo que hago es escribir sobre pintura. Pero yo necesito escribir sobre algo que quiera comprender, sobre este momento que me está tocando vivir. Creo que, por eso, escribo sobre el tema de la migración. Pero no tanto el tema de la migración como la historia de las víctimas. Al contrario. Yo creo que una, uno puede escribir sobre cualquier cosa, sobre lo que quieras siempre cuando seas honesta. Especialmente sobre aquello que nos urge comprender.

He organizado alrededor de diez catálogos de arte, en su mayoría de artistas latinos, mexicanos, solamente uno de una anglosajona que vive en Pilsen. Cuando voy al museo de arte y veo una exposición maravillosa de El Greco, siempre me pregunto qué más podría agregar yo sobre su obra. En cambio, sobre un pintor de la comunidad latina, como Marco Raya (Chicago, 1948), me interesa escribir porque hay muy poca gente haciéndolo.

Revisando lo que he escrito desde los años noventa, encuentro la tendencia de los pintores y escritores a rescatar el paraíso perdido como el lugar de origen. García Márquez, por ejemplo, vivió años en México y nunca escribió sobre México. El libro de cuentos que escribió sobre París me parece además uno de sus libros más malos. Lo mismo se puede ver en las antologías: ¿desde dónde escriben los autores? Yo sé que detrás de estas elecciones hay un juego para volverse universal; pero soy de la idea, como decía Luis Cardoza y Aragón, de que para ser universal tienes que ser local. Creo que, por eso, para mí, la migración es un tema constante. Pero no solo desde un punto de vista sociológico. Ni con la perspectiva de mucha poesía chicana, de tirar palabras como chile, jitomate, chingao. Si vamos al supermercado, es tan rico escuchar el lenguaje del carnicero y cómo, ante sus retos lingüísticos, no se queda callado, sino que inventa una palabra, una palabra que después todo el mundo está repitiendo. El lenguaje está vivo y para mí, entender eso es un reto de la literatura en español en Estados Unidos.

Porque creo yo que es muy fácil, crear fórmulas del lenguaje en la academia. Pero el lenguaje de la literatura tiene que ser completamente honesto.

Entonces ¿ya no te interesa el purismo como lo entendías cuando llegaste y lo reflejas en tu cuento «Seven veces siete», incluido en la antología *Se habla español*?

Para nada.

Creo que esa antología fue el primer libro que reparó en la escritura en español en Estados Unidos. Y «Seven veces siete» le gustó a los editores, aunque para mí en lo personal, cuando me pidieron el derecho de publicarlo, ya no estaba en la misma posición que cuando escribí el cuento. El cuento es sobre el encuentro entre un chicano y un mexicano. El mexicano, siendo yo, confronta a un chicano por la cuestión del lenguaje, desde mi puritanismo nefasto de entonces.

Precisamente en «Seven veces siete» el personaje del chicano me decía: espérate a que estés siete años aquí para que veas cómo van a cambiar tus ideas sobre el lenguaje. Entonces, yo trataba de mofarme de esa idea. Curiosamente, a partir de la fundación de todas estas revistas que siempre publicamos en español, mis ideas sí fueron cambiando. Cuando sacamos *El BeiSMan* como plataforma digital, por primera vez decidimos aceptar textos en inglés. O sea, hicimos una reconciliación con nosotros mismos, porque si escuchamos ópera en inglés, NPR en inglés, leemos libros en inglés, por qué rechazarlo cuando se trata de publicaciones. Si nos llega un texto en inglés, lo publicamos.

Volviendo a la pregunta anterior, la antología *Se habla español* fue polémica en su momento porque se criticaba que se hiciera una antología con autores que escribían en español, pero no necesariamente vivían en Estados Unidos. ¿Cómo ves esta discusión al cabo de tanto tiempo?

Fue una polémica gratuita. Cuando me invitaron a mí a presentar el libro aquí en Chicago, en la Universidad de Illinois, delante de otros autores dije que me parecía interesante que escogieran un cuento mío que a mí no me gusta. Pero me he enterado, de que muchas personas aún hoy lo creen interesante, aunque para mí ya no lo sea.

En la poesía de Octavio Paz encontramos frases en francés, en inglés. Pero hay un clasismo intelectual: a él sí le aceptan esta escritura, pero de pronto critican que algún chicano utilice ciertas palabras. Se lo cuestionan al menos en México, donde existe esto que llamamos malinchismo. Recuerdo que al mercado de Tequisquiapan llegaba una señora muy blanca, de clase media que le compraba a mi mamá. Pues según ella llegaba hablando inglés y decía: me da un kilo de limoneichón o chileichón, en lugar de decir limón o chile. Nos causaba gracia, se lo celebrábamos. Pero en cambio llegaba una persona que estaba regresando de Estados Unidos, con problemas de adaptación lingüística y decía: *tomatoes*, entonces nos preguntábamos cómo era posible que no hablara español si traía el nopal en la frente.

En la literatura creo que todo este clasismo tiene otro valor. Un escritor puede escribir sobre lo que quiera, lo que yo cuestiono es la pose. En la fecha yo puedo decir que Valeria Luiselli, por ejemplo, que es una escritora súper premiada, que escribe maravillosamente bien, la siento como una autora deshonesta. No siento una gran profundidad en su obra, su libro sobre emigración en inglés lo siento una apropiación ingrata de un tema que aborda desde una posición de privilegio. ¿De verdad es la vocera de los emigrantes como dicen las antologías de la UNAM que la presentan? La pose se refleja en la calidad de la escritura. La literatura tiene que ser honesta. No importa desde dónde escribas.

Hace poco *El BeiSMan* publicó un libro de Primo Mendoza, que se llama *Territorios*. Mendoza es del barrio de Tepito, es fabuloso como cuentista, poeta, pero es un escritor marginal. En su libro recupera el lenguaje de los que regresan a Tepito desde Estados Unidos, utiliza el inglés castellanizado y el resultado es fabuloso. Yo siento esa literatura, no desde una cuestión de clases, sino literaria.

¿Cómo haces tuyo un lenguaje, cómo haces tuya la historia que cuentas? Más allá de los escritores que estaban o no en Estados Unidos y se integraron a la antología, creo que la discusión debe ser sobre la honestidad de la historia que se cuenta y del lenguaje que se emplea. Carlos Fuentes en la *Frontera de cristal* escribió un cuento sobre la Calle 18, donde te das cuenta de que pasó en una limosina, frente a las carnitas, pero ni siquiera bajó el cristal para no contaminarse del olor. Por la forma en que estas poses se reflejan en la literatura, creo que cualquier debate debería ser sobre la honestidad.

Has mencionado a *El BeiSMan* varias veces, tanto como plataforma digital como editorial. Esta revista surge en un momento muy diferente a *Fe de erratas*, cuando el boom de las plataformas digitales es una realidad, incluso entre autores que escriben en español en Estados Unidos. ¿Por qué volver a fundar una revista cuando ya existían tantos espacios de diálogo?

Renuncié a *Contratiempo* en 2005, cuando me cansé de las broncas que seguían. Me quería regresar a México. Me quería divorciar y por toda la tensión se me paralizó la mitad del rostro. Entonces decidí seguir explorando la pintura, me involucré en crear el primer catálogo de arte. Llamar a ensayistas, diseñar el catálogo, todo era absolutamente nuevo, aunque tenía la experiencia editorial de las revistas.

Entré a la industria restaurantera, porque otra de mis pasiones es la cocina. Quería abrir mi café, aprendí y me hice *manager* en seis meses. Me fui a Indianápolis en 2008, cuando Obama ganó las elecciones. Allí estuve tres años, mientras un amigo me daba la oportunidad de aprender cómo se administraba un restaurant corporativo. Regresé en 2011, porque Indianápolis era muy conservador. Al regreso, el hijo de Febronio me invitó a ser parte del consejo editorial de una revista digital que se llamaba *Pilsen Portal*. Trabajé un par de años allí, rápido armé un grupo que escribiera para la revista, pero la organización detrás de la publicación era de carácter un poco conservador. Estaba claro que no sabían lo que publicábamos, pero yo sabía que, en cualquier momento, cuando nos leyeran los jefes nos iban a mandar a la fregada. Me puse a investigar entonces qué se necesitaba para crear una plataforma digital.

Ya no podíamos crear una revista porque cuesta mucho imprimirla, distribuirla de lugar en lugar, andar manejando. Un sobrino programador me cobraba 500 dólares por hacerme la plataforma digital, pero me dijo que si no tenía el dinero de todos modos me la hacía y pues, órale. Así decidimos lanzar este proyecto.

Aunque yo siempre dije que no iba a estar leyendo en una pantalla, me volví a tropezar con mis propias palabras. Arrancamos pensando que publicar una revista en línea era igual a hacerlo con una de papel, pero pronto nos dimos cuenta de que era otra dinámica completamente diferente. Sabíamos que los textos debían tener tantas palabras para que fueran efectivos en internet, comenzamos a incluir también videos. Pero al final decidimos no guiarnos por esas reglas bobas: si hay un texto que vale la pena y tiene 15 mil palabras, lo publicamos; que ya lo publicaron en otra revista, no importa, lo publicamos. No importa si lo lee una sola persona, si una sola persona lo lee, ya valió la pena.

En Chicago creemos tener un grupo de trescientos lectores máximo. Y cuando digo lectores me refiero a gente que lee libros y también está informada, que quiere saber qué se está publicando, cuál es el pulso de la comunidad. Así que sabíamos que no estábamos haciendo una revista masiva, que nuestro público iba a ser exclusivo, que los tiempos iban a ser otros, que no íbamos a tener dinero. Por eso tampoco nos preocupa que otras publicaciones existan, que nos manden textos ya publicados. No podemos exigir exclusividad en este mundo en que solamente un cuatro por ciento de los internautas revisan lo que se llaman publicaciones serias.

O sea, ¿que incluso estando en línea estás apostando por un público lector local?

Fue la idea inicial. Pero *El BeiSMan* nos dio la sorpresa de que teníamos lectores frecuentes en Israel, en Taiwán. Fuera de Chicago nuestra mayor cantidad de lectores está en México. Y no en Ciudad de México, sino en el interior del país. A las universidades del interior, a los maestros les interesaba saber qué estamos haciendo acá.

Quizás esta relación con los lectores refleja los grandes patrones migratorios de México. Pero no solamente leen ensayos, periodismo o crónica, también leen poesía. De hecho, cuando abrimos *El BeiSMan* pensamos que fuera un blog entre cuates, para seguir discutiendo temas de actualidad. Comenzamos publicando alrededor de 24 artículos al mes, un especial sobre el Tratado de Libre Comercio en México y el Movimiento Zapatista 20 años después. Para el número dedicado a las mujeres, en marzo del 2014, tuvimos alrededor de 98 participaciones, todas mujeres, y un gran número de ellas entre 18 y 24 años. Era otra generación.

Tocamos un nervio, no sabemos cuál, no lo planeamos. Pero quería decir que estábamos en presencia de un hilo de comunicación. A una chica que vino a trabajar como interna a la revista, le preguntaba: por qué quieres estar con *El BeiSMan* que no te ofrece nada, si puedes ir al *Chicago Tribune*, al *Chicago Sun-Times*. Me dijo: Yo sé que puedo irme a esos medios, pero ustedes me hablan a mí y yo quiero contribuir. Nos pareció excelente que pudiéramos comunicarnos con otro nicho de esa manera.

¿Por qué *El BeiSMan*?

Es un *statement* lingüístico y político. Es espanglish, para *basement*, sótano.

En México, con la excepción quizás de Ciudad de México con sus grandes mansiones, las casas no tienen sótano. Pero cuando el inmigrante mexicano llega, sobre todo a Chicago, llega a vivir a un *basement*. Está en el sótano. Mencionarle el sótano a una persona que va llegando siempre genera una pregunta «¿qué es un sótano?» Después, cuando a esa misma persona se le pregunta ¿dónde vive? Responde «en el *beisman*». Decidí aceptarlo en espanglish como parte de nuestra realidad, ya sin conflicto puritano. También muestra nuestra visión de acercarnos al mundo desde Pilsen, de abajo hacia arriba. *Beisman* es la visión desde abajo en todos los sentidos.

La Feria Latina del Libro de Chicago que celebraron en 2019 y tuvo invitados a editores de varias ciudades y al escritor Alberto Chimal entre sus conferencistas principales, ¿fue también producto de esta

espontaneidad fundacional que parece acompañar todos tus proyectos o tuvo algún apoyo material?

Aquí todo es accidental. Cuando lanzamos *El BeiS-Man,* yo venía de la industria restaurantera, ganando muy bien, pero con la sensación de que algo me faltaba. Al crear la revista me acerqué a fundaciones, busqué dinero para mantenerla. Cuatro años después me di cuenta de que no iba a vivir de eso.

Te tomó bastante tiempo darte cuenta de algo así.

¡Claro! Lo bueno es que no estaba casado, no tenía muchos gastos que hacer y podía sobrevivir con trabajos de diseño.

El director del Museo Nacional de Arte Mexicano, Carlos Tortolero, nos ha apoyado desde que sacamos *Fe de erratas,* fue el primero que compró publicidad. Recuerdo que nos dio cien dólares para la revista y nosotros estábamos felices, porque pensábamos que ya al rato íbamos a tener a los bancos y a medio mundo pagando. No. Fueron los únicos cien dólares que recibimos.

Pero entonces, cuando regresé en 2011 de Indianápolis, el director del museo me había dicho que estaba disponible el Museo si queríamos hacer una Feria del Libro, que era lo que hacía falta en Chicago, porque ya había festival de cine. Pero para eso hacía falta gente. Con la gente que yo trabajé en las otras revistas, solamente Raúl y Juan Mora vinieron a *El BeiSMan.* Me di cuenta de que en este mundo había mucho ego, mucha gente esperando a que les hagan todo, que les organices una presentación del libro, no invitan ni a su novia y esperan que la casa esté llena. Y como filosofía adopté que, si iba a trabajar, iba a trabajar con quienes quisieran trabajar. Así surgió la feria.

Un paréntesis para contarles que así también surgió la Editorial El BeiSMan. Raúl Dorantes tenía lista su novela *De zorros y erizos*, que me parece una genialidad por el uso del espanglish, unas partes muy poéticas, fabulosas. Y me dijo: ¿me lo diseñas?, porque además también aprendí diseño, para diseñar las revistas, porque yo tenía la pinche Mac. Entonces, le dije: sí, claro. Y ya lo íbamos a mandar a la imprenta, pero faltaba la editorial.

La había mandado a Alfaguara, a Tusquets, por años recibía cartas de vuelta, pero nadie le decía aquí está tu novela publicada. Me pidió que se la diseñara para publicarla él mismo. Y cuando estábamos por mandarla a imprenta, le dije que creáramos una editorial. Él mencionaba varias veces a *El BeiSMan* en su obra y por eso también tenemos El BeiSMan PrESs.

¿Entonces son dos proyectos simultáneos?

Exacto, hemos publicado poemarios, narrativa, ensayo. Casi a la par que surgió *El BeiSMan* como revista, se dio su aparición como editorial.

En esta entrevista has hablado de ti misma de muchas formas. Y la piedra de toque de estos diálogos con escritoras es precisamente una pregunta identidad, específicamente sobre latinidad y latinoamericanismo. La pregunta es entonces ¿qué adjetivos le pones a tu clasificación como escritor/escritora?

A finales del 2014, principios del 2015, dialogaba mucho con Raúl por teléfono y nos dimos cuenta, dentro de nuestras conversaciones, que en México habíamos vivido la primera parte de nuestra vida, que fue allí donde nos formamos y escogimos la ética que ha regido nuestras vidas. Cuando emigramos a Estados Unidos, y en gran medida cruzamos la línea de sombra de la que hablaba Joseph Conrad, entramos a la madurez desde la migración en este caso. Por 25 años fuimos elaborando

un oficio del cual vivir. En mi caso soy editora, diseña-
dora, fui maestra de literatura. En su caso es maestro,
tiene su compañía de teatro. Pero estamos entrando a la
última etapa de la vida y nos interesa saber cómo queremos morir, qué vamos a hacer en este último tramo. La
conclusión a la que llegamos fue: hay que morir siendo
personas honestas, la honestidad, ante todo.

Me dije que sí, que siempre he sido una persona honesta, me ha interesado el arte como una plataforma para tocar a otras personas y he ofrecido espacios a mucha gente
para que se expresen. Yo creo que hay mucha honestidad
ahí. Como a las seis semanas de tener estos diálogos dije:
no es cierto, pinche Franky, eres un puto reprimido, un
homosexual, y esto nunca lo has aceptado en público. No
has sido honesto. Entonces acepté por primera vez salir
del closet. Siempre he sido una persona homosexual. Me
había casado, tuve novias, siempre jugué ese rollo con
tal de encajar socialmente primero en México y después
aquí, tanto en las organizaciones literarias como políticas.
Había llegado además a grupos completamente machis-
tas, que yo pensé que iban a ser más de avanzada pero no
lo eran. Y yo resulté peor que ellos: homofóbico, machista,
lo que quieras. Cuando empecé mi propia deconstrucción
como persona homosexual, le conté a una amiga bisexual
que es pintora, psicóloga. Pensé que me iba a entender y
me dejó de hablar. Me di cuenta de que así iba a ser el
proceso. Después a las dos semanas, ella me escribió para
preguntarme si era cierto, «pensé que era otra de tus pin-
ches bromas», me dijo.

Comenzamos a hablar. Le dije que me gustaba po-
nerme ropa de mujer. Y me llevó con una amiga transgénero. Esa amiga me invitó a una clínica, a terapia de
grupo. Ahí me di cuenta de que era una persona trans-

género. Entonces salí dos veces del closet. A mis amigos más cercanos, como Juan Mora, Raúl Dorantes, ya les había dicho que era homosexual. Cuando me di cuenta de que era persona transgénero pensé: ah chingao y otra vez les tengo que decir que no era eso sino esto.

Fue un proceso muy interesante. Yo padezco de presión alta y ya estaba tomando Xanax, lo cual para mí era la peor derrota de mi vida. Había criticado tanto a las personas que tomaban Xanax y estaba tomando tres pastillas al día. Tenía la presión muy alta. Entre la meditación y los grupos de terapia, me retiré del Xanax. Pero cuando iba a grupos de terapia, las muchachas creían que era un transexual que me estaba cambiando de mujer a hombre, y me decían: «te va quedando muy bien el cambio». Ellas querían que yo me inyectara silicón y todo eso. Entonces me di cuenta de que yo no estaba rompiendo lo binario, hombre-mujer, para venir a meterme a otra casilla de mujer transgénero.

Hay mucha fluidez, acepto mi cuerpo como nací, si me quiero vestir de mujer como lo hacía, lo hago, si quiero pintarme el pelo y las uñas, lo hago. Pero hay muchos matices entre el negro y el blanco, y eso depende de cómo amanezca hoy. Todo esto me llevó a involucrarme en los derechos pro-mujeres trans. Entonces creo que soy gestora cultural, creo que el espíritu se manifiesta de mil maneras, no solamente de una. Escribo para comprender, no para dictar. Siempre estoy fluyendo entre lo uno y lo otro. Me identifico más como mujer trans que escribe, que edita, que hace videos, y que el día de mañana no sé qué vaya a hacer.

¿Mexicana, latina, latinoamericana?

Sé que lo de latino es una palabra que nos encasilla, por no querer decir mexicana. Que eso se ha usado mucho en Chicago, un lugar donde hay más de dos millones de latinos y el 80 por ciento son mexicanos, pero, claro, no existe representatividad política para este grupo. Los que están tomando decisiones de poder son cubanos o sudamericanos, no mexicanos. Entonces todo el mundo dice que somos dos millones de latinos, pero no es cierto, el 80 por ciento son mexicanos.

Esta división no la hago para crear un conflicto. Pero sí lo veo como una cuestión social y política. Lo latino lo han utilizado para expresar ideas y conceptos. Lo hispano no lo acepto. Soy mexicana porque nací allá, pero al mismo tiempo ya no lo soy. Nací Francisco; en Indiana me pusieron Franky. Cuando regresé a Chicago era Franky y no porque había salido del closet, sino porque fui *manager* de un restaurante y el dueño que era anglo volvía anglo los nombres de todos sus empleados: si eras Jorge, George; si eras Francisco, Franky.

Mi nombre ahora empieza a reducirse a Fran, como si fuera, ciertamente, desapareciendo mi identidad. Al final, como dijo Borges, qué es la identidad sino un acto de fe. Y en cierto sentido el hecho de ser migrante abarca más, no desde su definición sociológica, pero sí como un sustantivo en constante cambio. El sistema solar nunca regresa al mismo punto, por eso me gusta esa metáfora de que nunca vamos a vivir un día igual. ¿Por qué aferrarse a decir entonces soy cubano, soy mexicana, soy puertorriqueño, si a fin de cuentas seguimos estando jodidos? Nunca vamos a ser parte de la idea del *mainstream*, por más que queramos, por más que usemos Prada. Hay otras maneras de construir nuestras identidades a partir de la manifestación de nuestro espíritu y en este caso de las letras, aunque al rato voy a cocinar algo y también sea eso.

OSIRIS MOSQUEA:
ABRAZAR LA NEGRITUD
COMO FORMA DE RESISTENCIA

La poeta dominicana Osiris Mosquea vive en New York hace más de veinte años. Pero asegura que, «a pesar del tiempo transcurrido, sigo siendo extranjera en la ciudad». En sus versos, New York es enunciada como «la ciudad de todos», pero solo por antonomasia, por la intensidad con que consume a sus propios habitantes, lugar donde las luces de Broadway fulguran como fauces que vomitan identidades, apellidos, «como el tuyo, como el mío / nombres huecos y lejanos / de muertos en refriegas ajenas».

La urbe redondea la múltiple condición insular que habita Mosquea. En su poema «En la suerte de la isla», una voz poética interpela a un sujeto otro, a la vez que dibuja a New York como un universo, «constelación de egos» alrededor de la que giran tantas vidas anónimas:

Tú que te quedas en este péndulo de sueños
que viajas en la amplia maleta del tren
con la dosis exacta para ignorarlo todo
viviendo las horas de minuto y medio
escamoteándole a la suerte
la verde y enigmática sonrisa de Roosevelt
en una constelación de egos por no perderlo todo

En esta ciudad que yo también habito
el centauro en Wall Street
se coloca la mitra o el bicornio
bendice las monedas
que recorren las calles de Manhattan
donde no se cuentan los naufragios...

Para Mosquea, el origen de su relación de amor-desamor con New York atraviesa toda su poesía y se debe a que, para ella, la ciudad aparenta ser un espacio inclusivo que no existe en el día a día: «La cultura neoyorkina moderna es solo una especie de embeleco fraguado en una falsa moralidad, un colgajo, la metáfora fría de un sueño que nos han ofertado. De ahí ese sentimiento de pérdida y resistencia que muchas veces se traduce en una relación amor y desamor manifestada en muchos de mis textos. De esta dualidad solo la literatura y la poesía han podido salvarme».

En *Viandante en New York* (2013), su segundo libro de poemas, vuelve sobre estas ideas. Asegura que, en dicho cuaderno, «el yo rector solo pretende parafrasear, glosar el ambiente, el lienzo mórbido de la ciudad donde convergemos todos los que en ella vivimos, quizás en 'una misma condición'... Seguimos 'navegando en la suerte de la isla perdido en el nadir del regreso, extranjero hasta en la sangre que no cabe en panteón de tercera'».

Migrante dominicana, animadora de numerosas tertulias culturales a través de los años, en la distancia de la comunicación para concretar esta entrevista Mosquea hace de nuestro encuentro un derroche de modestias: «Con todo lo logrado me siento contenta y voy por más». Es graduada de contabilidad en República Dominicana; pero asegura que «nunca he trabajado como contador en New York.Aquí pesó más mi pasión por la literatura, por eso estudié un Master of Spanish Language and Literature en The City College of New York, y Cuentos y Arte español del siglo XX, en la Universidad de La Rioja, en España; también un curso de escritura creativa en City College».

En marzo de 2012, la novena edición de la Feria Internacional del Libro de Escritoras Dominicanas en Estados Unidos le rindió homenaje, especialmente por su trabajo como cuentista, poeta y activista cultural. Junto a ella, las maestras y catedráticas dominicanas Mary Eli Gratereaux, Ana Isabel García Reyes y Sarah Aponte, también fueron reconocidas.

Aunque Mosquea se declara «no muy asidua a los concursos literarios», su perspectiva sobre la proliferación de antologías es diferente, positiva, como confesará más adelante en este diálogo. Su obra ha sido reunida en volúmenes como *Dominicanas de Letras*, editada por su coterránea Kianny N. Antigua y *¡Basta!: 100+ Latinas Against Gender Violence*, editada por Emma Sepúlveda-Pulvirenti para la colección Latino Research Center Book Series University Of Nevada, Reno, 2017.

Podría decirse que, en América Latina y el Caribe, son tres o cuatro los países con más hegemonía en el conocido como canon literario de la región. ¿Cómo la visibilidad de ciertos países media la forma en que lectores y críticos en Estados Unidos se acercan a tu obra?

La diversidad en la población de alumnos y profesores en las universidades en Estados Unidos ha contribuido con los cambios curriculares y con la ampliación del terreno de los estudios literarios. A pesar de eso, como bien dices, de América Latina y el Caribe no son muchos los países que forman parte de ese canon. Eso podemos verlo, por ejemplo, a través de la lista de lectura que se asigna en los posgrados de literatura. De ahí que, a mi entender, el acercamiento a la literatura latinoamericana y caribeña sea limitado y mediatizado. No obstante, esa apertura abrió una puerta para que la mirada de los lectores y críticos se dirijan hacia nuevos escritores

No puedo dejar de lado, y es fundamental, cómo el asunto de la lengua marca una gran diferencia. Yo solo escribo en español, lo que dificulta la integración de mi literatura al universo literario de los Estados Unidos. Los que escriben en inglés o en español e inglés, algunos nacidos aquí, tienen una mejor recepción de su obra. Pero a pesar de su aporte al universo de la literatura en este país, continúan siendo clasificados como dominicanos, puertorriqueños, etcétera, por lo que el acercamiento crítico a su obra termina no siendo el mismo.

¿Te reconoces en tu tradición nacional como escritora dominicana?

Definitivamente. Me reconozco como escritora dominicana. Somos el resultado de nuestras tradiciones.

¿Qué otros adjetivos le pondrías a esa denominación? ¿Eres una escritora dominicana y latina, latinx, latinoamericana, caribeña?

En mi condición todos esos calificativos son válidos.

Mi cartografía personal se escribe desde la realidad y en cualquier lugar que me encuentre mis raíces serán las mismas: caribeño-africanas, latinas, latinoamericanas, dominicanas. Todos esos adjetivos están indisolublemente unidos a mí, a mis ancestros, a la sangre proveniente de la raíz que se cuajó en mi ombligo y me dio el ser.

Escribes poesía y narrativa, ¿te sientes más cómoda en algún género? ¿Eliges conscientemente en qué género escribir o te acercas a alguno por períodos?

Me siento más cómoda con la poesía, aunque desde hace mucho tiempo vengo trabajando la narrativa. De hecho, tengo varios libros de narrativa escritos mucho antes de *De segunda mano,* pero que siguen ahí haciéndose viejos en una gaveta.

No elijo el género en que voy a escribir, escribo lo que me motiva en su momento; me acerco a la poesía y a la narrativa al mismo tiempo, algo así, como un «al alimón entre géneros». En estos momentos estoy puliendo un libro de poesía, escribiendo nuevos cuentos y nuevos poemas, todo al mismo tiempo.

Precisamente en tu libro de relatos *De segunda mano*, es notable que varias narraciones abordan con detalle la violencia de género, sus consecuencias en la vida (o muerte) de las mujeres. ¿Por qué consideras importante mostrar estas historias femeninas?

Creo importante abordar el tema de la violencia de género, porque es un padecimiento silencioso que ha aquejado a las mujeres y hombres de generación en generación. Muchas veces no se habla de esto por prejuicios y temores arrastrados desde una conducta aprendida. Es un círculo repetitivo del cual es muy difícil salir, es un cerrojo que acorrala e inmoviliza sobre todo a sus víctimas. Hay que evidenciar el problema y me parece que la literatura es un excelente mecanismo para hacerlo, ya sea a través de la poesía o narrativa.

Creo que los personajes de *De segunda mano* son arquetípicos en cuanto a los actos que viven y sus padecimientos de la violencia de género. Son los afectos y desafectos, entre otras cosas, los que juegan un papel determinante dentro de las historias.

¿Qué significa que los afectos ydesafectos jueguen un papel en la construcción de personajes arquetípicos?

Los personajes de *De segunda mano* se corresponden con una intención estética que busca recrear algunos puntos de vistas: sociales, culturales e ideológicos. Por su características y naturaleza estos puntos de vista son reconocidos en cualquier parte. Las acciones que estos personajes (modelos) ejecutan, obedecen a sus atributos distintivos, no necesariamente positivos ni modelo a seguir en muchos casos, pero que los hace reaccionar de una forma determinada.

Construí los personajes de *De segunda mano* bajo la premisa de los efectos que pueden generar el amor, el desamor, los sentimientos de frustración y la traición. Son sujetos que tienen o guardan sentimientos que se desbordan hasta llegar a la violencia física o psicológica.

¿Dirías que eres una escritora feminista?

Lo soy, mas no a ultranza. Creo en la necesaria toma de conciencia de las mujeres sobre su condición, su rol y de su necesaria visibilidad en un mundo que tradicionalmente las ha oprimido. Creo en la igualdad de derecho; creo en el acceso de las mujeres a las diferentes oportunidades que ofrece la sociedad y que estas deben ser en semejante condiciones a las del hombre. Creo que la mujer es dueña de su cuerpo, capaz y libre para emprender largos y altos vuelos. No creo en el feminismo que se basa en el rechazo y conflictos con el hombre. El problema no está ahí, muchas veces se olvida que es un asunto que tenemos que trabajar desde la simiente y enfrentar en todos los estamentos sociales.

En diferentes reseñas sobre tu obra, siempre se menciona tu compromiso como animadora de la cultura. Has sido además editora de la revista *Trazos*. ¿Cuál consideras que es la importancia de crear y ofrecer espacios de divulgación literaria a escritores latinoamericanos en Estados Unidos?

Soy animadora cultural desde mis tiempos de estudiante en la universidad en la República Dominicana y lo he seguido siendo hasta hoy, aquí en New York. Siento que es importante estimular a nuestra comunidad en la búsqueda persistente de su desarrollo cultural, social y económico, especialmente a los jóvenes y niños de nuestras comunidades marginadas. Creo que la literatura provee todas las posibilidades de acercarnos a diferentes proyectos y espacios, desde donde nos podamos expresar, empoderar y cuestionar en qué tipo de sociedad vivimos o en qué sociedad preferimos vivir.

Trazarte Huellas Creativas y, posteriormente, su voz escrita, la revista *Trazos,* son parte de un proyecto concebido para que puedan converger todas las expresiones artísticas en un espacio multicultural y multilingüe. Los creamos porque tenemos la firme convicción de la importancia de divulgar y promover nuestros trabajos creativos en los Estados Unidos, y el de los demás escritores dominicanos, muchos de ellos poco conocidos o conocidos solamente en nuestra propia comunidad.

Hablas constantemente de la comunidad dominicana como el espacio donde tu obra y la de otros autores dominicanos encuentra su principal recepción. ¿Existen colaboraciones artísticas entre diferentes comunidades migrantes o crees que aquí en Estados Unidos reproducimos la misma división nacional?

Por mucho tiempo nos hemos estado leyendo entre nosotros en los eventos y tertulias. Los libros publicados son mayormente consumidos por nosotros, aunque debo aclarar que la tecnología vino a ayudar mucho en la difusión de nuestra literatura. La gran mayoría no tenemos acceso a editoriales que publiquen, promuevan y comercialicen la literatura que producimos, por lo que, nos autopublicamos y somos los mismos escritores quienes nos encargamos de colocarlos en algunas tiendas de libros, promocionarlos y venderlos.

En los últimos años, hemos tenido una apertura y una corriente de intercambio con otras comunidades, algo interesante que, sin duda, ha brindado la oportunidad de participar en antologías, ferias de libros y encuentros literarios nacionales e internacionales. Además, en los eventos realizados en nuestra comunidad es notoria la fuerte presencia de amigos escritores de otras nacionalidades. Esto significa que estamos en el proceso de ir rompiendo con la división y saliendo del gueto.

Mi gestión cultural siempre me deja bonitas experiencias. Recuerdo que cuando fundamos Trazarte Huellas Creativas en el 2002, entre muchas cosas que nos propusimos estaba hacer una tertulia que rompiera con lo que se venía haciendo tradicionalmente en la comunidad dominicana del Alto Manhattan. Queríamos que nuestros eventos no se limitaran a los dominicanos ni a la literatura solamente, por lo que procuramos juntar todas las artes en un performance donde convergieran la poesía, la pintura, el teatro, etcétera. Para lograr esto, salíamos a los eventos que se realizaban en otras comunidades, nos presentábamos, los invitábamos a nuestras actividades, los recibíamos como invitados especiales en su área junto a los artistas nacionales. Así, por muchos años, sostuvimos una tertulia con una característica multicultural.

Por otra parte, con la revista *Trazos* ocurre lo mismo, tratamos de hacer un equilibrio entre los escritores invitados a publicar y nosotros. Además, la portada y las ilustraciones del contenido siempre son de un pintor invitado.

Has fundado además varios talleres de escritura. ¿Qué te aporta compartir el proceso creativo con otras personas? ¿Cómo estas colaboraciones y redes intelectuales han impactado tu propio trabajo?

Los talleres literarios son interesantes y sumamente didácticos. Los diálogos que se generan y los intercambios de experiencia escritural son siempre útiles. De los talleres teóricos prácticos me he nutrido y gracias a ellos he superado también muchos vicios. Me gusta oír los comentarios sobre mis escritos, los señalamientos críticos, porque muchas veces otro lector puede ver cosas que se me han escapado o pasado por alto.

Pero hay que dejar claro que la buena lectura es fundamental e insustituible.

¿Consideras que es más difícil ser una mujer escritora que escritor dentro de Estados Unidos?

Sí, es más difícil. El hombre siempre ha ostentado una posición de superioridad frente a la mujer. El rol de subordinación social que por tradición les han asignado a las mujeres, a pesar de las grandes reivindicaciones y cambios, aún es muy evidente. Existe mucha disparidad entre la mujer y el hombre en torno a la participación de forma equitativa en las categorías: política, económica, institucional y social. Esto se traduce en la literatura. Muchas veces los temas abordados no son igualmente aceptados a pesar del valor creativo que tengan. La autocensura femenina, la aproximación a los textos, la presión de los medios, entre otras cosas, marcan una gran diferencia.

La reflexión sobre la desigualdad y el significado de ser mujer escritora o escritor en Estados Unidos es permanente, debemos reafirmarnos y valorarnos sobre la premisa, las experiencias y los logros femeninos.

Has sido invitadas a varias antologías ya sea poéticas o de autoras dominicanas, como *Dominicanas de Letras*, editada por Kianny N. Antigua. Y de hecho parece haber una proliferación de antologías con las nuevas formas de impresión on-demand ¿Cómo contribuyen las antologías a visibilizar el trabajo de las escritoras en Estados Unidos?

Contribuyen muchísimo. Muchas escritoras no tenemos acceso a las editoriales y en una gran mayoría nos autopublicamos, lo cual limita que nuestros trabajos lleguen a una mayor cantidad de lectores. El compendio mostrado en una antología puede llegar a tener una mayor cobertura sin tener un costo para las escritoras. El panorama que en estas antologías se muestra, debido a su diversidad, puede llegar a ser de interés a instituciones educativas y universitarias.

Tu poema «Todos los colores de Harlem» comienza con un verso de muchísima belleza que dice: «Es negra la danza del negro de Harlem. Negra la raíz, sus santos…». ¿Consideras que es importante hablar sobre colores e identidades cuando hablamos de literatura latinoamericana en Estados Unidos?

Yo, particularmente, lo creo importante. Abrazar nuestra negritud, mi negritud, en la literatura es una forma de resistencia con la que comulgo.

Los asuntos de identidad, etnias, clases sociales y colores han sido temas recurrentes en la literatura de nosotros los migrantes en los Estados Unidos. Los colores están tradicionalmente ligados a la lucha de clase, y en la literatura cumplen con una función especial cuando los abordamos.

Se hace imposible, desde el influjo de mi condición de inmigrante, escribir y dejar de lado algunos temas. Lo hago tal como lo hicieron muchos poetas y músicos en el pasado, teniendo como ejemplo a los grandes poetas afroamericanos del renacimiento de Harlem, como, por ejemplo, James Langston Hughes, Countee Cullen, para mencionar algunos.

El remanente de los antiguos habitantes de Harlem ha visto cómo su barrio se ha ido transformando con el paso de los años, siendo masivamente repoblado por blancos y latinos de todas partes.

Yo viví en Harlem. Algunas veces conversaba con los ancianos del barrio, me contaban sus historias. Exploré algunos rincones y bares donde se toca música afro tradicional. Estos aún están intactos, excepto por los colores de quienes ahora los frecuentan.

ROSE MARY SALUM:
IMPONIENDO TRADICIONES EN ESPAÑOL

Mientras Rose Mary Salum respondía a las preguntas de esta entrevista, se ajustaban los últimos detalles de su libro *Tres semillas de Granada. Ensayos desde el inframundo* (2020). Como hizo antes con los cuentos de ficción que conforman *El agua que mece el silencio* (2015), la escritora vuelve sobre la doble condición de migrante de su familia y la suya propia, esta vez usando su voz y experiencia más íntima para reflexionar sobre el desarraigo. Salum es una autora mexicana, de abuelos libaneses, que tuvo que abandonar México e instalarse en Estados Unidos después de que su familia sufriera el violento secuestro de uno de sus miembros.

«Maldito el momento en el que el país que acogió a mis abuelos ahora me desconoce», escribe en *Tres semillas de Granada* para referirse a su salida forzada de México. En el libro, sus memorias familiares se mezclan con la de sus abuelos y los países perdidos por la familia. *Tres semillas de Granada* es, podría decirse, una reconstrucción poética, una reflexión sobre todos los tiempos y lugares que se juntan en la identidad de Salum, y en la de sus hijos, ahora hijos y bisnietos de migrantes, y migrantes ellos también.

La escritora ha dicho que completó el viaje de sus abuelos, quienes originalmente pensaban establecerse en Estados Unidos, pero hicieron vida en Tampico luego de pasar por Cuba, Veracruz y otros puertos. Sin embargo, otra vez su itinerario, como el de su familia, fue forzado más por circunstancias políticas que por decisiones personales. Sus abuelos abandonaron el Líbano huyendo del hambre de la Primera Guerra Mundial, pero a Salum y a los suyos los expulsó la violencia de México, la evidencia de que la corrupción de los gobiernos de turno era irreversible.

«En Estados Unidos no me siento libre. Esta idea es un mero artificio», escribe también en *Tres semillas de Granada* sobre su vida en el norte, más al norte del lugar que la vio nacer. Y acaso entre las pocas fortunas de este itinerario forzado que llevó a la escritora de Ciudad de México a Houston, donde vive hace años, es que su creatividad no ha dejado de encontrar terreno fértil. Salum es autora de un amplio trabajo narrativo, que incluye su participación en antologías como *Diáspora. Narrativa breve en español en Estados Unidos* (2017), su edición de *Delta de las arenas, cuentos árabes, cuentos judíos*; su libro de cuentos *Una de ellas* (2020). Y es además editora de la revista *Literal: Latin American Voices*, publicación seriada de la editorial Literal Publishing.

En 2016, recibió el International Latino Book Award y un año después el Premio Interamericano Carlos Montemayor, ambos por *El agua que mece el silencio*. El Congreso de Estados Unidos reconoció también su trabajo en la divulgación de la escritura latinoamericana. En esta entrevista habla sobre qué significan para ella estos premios, sobre su identidad y la influencia de sus orígenes en su obra.

Eres una escritora mexicana de origen libanés, que vive en Estados Unidos. ¿Cómo influyen estas interseccionalidades en tu escritura? ¿Dirías que alguna sobresale o domina tu proceso creativo?

Definitivamente estas circunstancias influyen en mi escritura. La pregunta me parece muy interesante porque en los inicios de mi carrera, me alejaba de esas interseccionalidades. Era como si hablar de ellas estuviera prohibido para mí. Si lo piensan, era una autoimposición absurda. Poco a poco fui encontrando mi propia voz y con ella entendí que mi origen libanés no iba en dirección opuesta al hecho de que era una escritora mexicana. Y no fue sino hasta que se publicó *El agua que mece el silencio*, donde los personajes y la historia se desarrollan en Líbano, que me di permiso de asumir también mi parte de inmigrante. Dicho eso, ahora encuentro que en mi escritura convergen muchas vertientes y puedo convivir cómodamente con ellas.

Podría decirse que, en América Latina, son tres o cuatro los países con más hegemonía en el canon literario de la región. México, sin dudas, es uno de los más hegemónicos ¿en qué mapa literario te ubicas? ¿Te reconoces en una tradición nacional o en otra tradición?

Me encuentro en un tipo de circunstancias literarias inasibles para mí. Es cierto que una parte de mi escritura se encuentra cómoda en México, pero también es cierto que, al mismo tiempo, puede resultar ajena a mis propios ojos. Por momentos México puede ser un país que solo se mira a sí mismo y en parte eso ha dado lugar a tantas voces originales, sobre todo en lo que se refiere a la escritura femenina.

Sin embargo, así como esa parte ha nutrido al mundo con literatura de gran calidad, México puede desco-

157

nocer lo suyo cuando no se ubica en su propio centro y es allí donde no acabo de encontrar acomodo. Así es como a veces me veo recriminándome que yo no hable del narcotráfico, pero sí del Líbano, que no hablo de tradiciones, pero sí de identidad en el exilio, que no hablo de historia mexicana pero sí de esta otra historia, que se cuenta poco, y que se refiere al flujo de inmigración en y desde México.

¿Dirías que es importante el país de origen de una autora que escribe en español en Estados Unidos? ¿Marca diferencia en las oportunidades editoriales que esa autora encuentra?

Sí marca una diferencia. Pero no estoy segura de si esa diferencia puede ser favorable. Recién llegué a Estados Unidos y empecé la revista *Literal*, hice un estudio sobre editoriales y traducción. En ese momento, solo el tres por ciento de la literatura que se producía en este país era en traducción y de ese porcentaje, la minoría era de México. Es evidente que las cosas han cambiado, pero falta ver el escándalo de la novela *American Dirt* para entender la posición o la miopía de la industria editorial en Estados Unidos. Dicho todo esto, sí, el origen es importante a los ojos de las editoriales estadounidenses, tristemente importante.

¿Cómo te identificas? ¿Eres una escritora latina, latinx, latinoamericana, norteamericana? Háblanos un poco sobre los motivos de esta autoidentificación.

Si me hubieran preguntado esto hace muchos años, hubiera dicho que era una escritora latinoamericana para facilitar la forma en la que los demás me percibirían. Ahora puedo decir que soy una escritora mexicana que también es americana pero que produce en español. Y si insistes en esta pregunta me gustaría decirte que soy una escritora multirracial escribiendo en español y sin un concepto firme en el cual pueda ser categorizada. Pero esto no me quita el sueño. Estados Unidos es un país obsesionado en fragmentar el mercado y eso se derrama hasta el tejido social y político del país. Es otra forma de ver el mundo, definitivamente guiado por el pragmatismo y el consumismo del país.

En términos profesionales, ¿qué ofrece un territorio como Texas a una escritora con tu procedencia y *background*? ¿Es terreno fértil para la escritura en español?

Es terreno fértil porque existimos algunas instancias culturales que lo hemos fertilizado para poder existir. Con esto quiero decir que por fin me puedo sentir a gusto escribiendo como escribo desde este lugar. Y quizá fue el mismo entorno el que me ha llevado a esta conclusión porque, en realidad, tampoco abundan las editoriales en Texas que promuevan la escritura en español.

Por suerte, el Departamento de Español de la Universidad de Houston abrió hace algunos años el doctorado de escritura creativa y eso refuerza la necesidad de validar la literatura en español en esta zona del mundo. Fuera del mismo Literal Publishing, que abiertamente publica libros en español, las demás editoriales exigen que los libros a dictaminar se presenten en inglés. En ese sentido, el cambio tiene que venir desde nosotros los escritores si queremos imponer nuestra tradición en nuestro idioma.

Has sido cofundadora de varias revistas literarias, *Literal: Latin American Voices* la más reciente. ¿Cuál es la importancia de crear estos espacios en una década en que abundan medios de prensa digitales e impresos?

Cuando empecé *Literal*, hace casi 17 años, la diversidad de publicaciones estaba más limitada. Así que a pesar del esfuerzo tremendo que fue empezar la revista y en el 2012 la editorial (Literal Publishing), pienso que no solo siguen siendo necesarios estos espacios, sino que no son suficientes para atender a un mercado de casi 60 millones en este país más los cientos de millones de personas que hablan español en el resto del mundo.

En un ensayo de 2009, sobre edición de revistas multilingües, escribías: «Language can get in the way of art» y «we are dedicated to resisting the tendency to abstract an entire reality; the pages of *Literal* present distinct regions of the Americas in their various and sometimes clashing embodiments». Más de una década después, ¿cómo percibes esta labor fundacional? ¿Ha dado frutos? ¿Cuáles?

Como todas las cosas, *Literal*, la revista y claro, Literal Publishing, la editorial, se han ido transformando y adaptando a su época, pero también a los formatos en los que este contenido se entrega a nuestros lectores. Pero su intención esencial sigue siendo la misma y los frutos han sido inesperados. Y uso esa palabra porque en un principio empecé la revista como tal, pero al poco tiempo surgió la editorial, Literal Publishing, después el Festival Internacional de Cortometrajes y posteriormente el centro cultural donde se llevan actividades como los talleres, exhibiciones de arte, música y prestaciones de libros. Somos una publicación que no perpetúa estereotipos, sino que los derrumba.

Existe una tendencia a creer que los escritores latinoamericanos que viven en Estados Unidos y tienen relación con los programas de escritura creativa logran mayor visibilidad en los medios y entre los lec-

tores. Tienes experiencia en la academia, pero en otro tipo de espacios. ¿Cuál es tu opinión sobre esta idea o prejuicio?

Me parece que allí entran en juego muchos elementos distintos. Nada es blanco o negro. En la literatura, como en todas las disciplinas, importa desde donde escribes, pero, sobre todo, la calidad de tu escritura. Los programas pueden ayudarte a conocer personas que están en el medio, te ayuda a estar más de cerca de los profesores que seguramente son escritores, te ayuda a tener un trato personal con editores o en vías de serlo y eso podría hacer la mitad del trabajo, pero definitivamente no te harán más visible. La visibilidad llega en la medida que los lectores hacen tu trabajo visible al recomendarlo, al hablar de él, al investigar más sobre ti como autor. De otro modo, tengas relación con quien la tengas, si tu trabajo no se sostiene no puedes engañar al lector.

Hablando específicamente sobre el mercado editorial en español en Estados Unidos, ¿consideras que es más difícil publicar para una escritora que para un escritor? ¿Podrías argumentar tu punto de vista?

En Estados Unidos es más difícil publicar para todos: hombres y mujeres. No es solo que existen pocas casas editoriales en proporción a los cientos de miles de hispanos que estamos escribiendo desde este país, sino que, además, hay un prejuicio de parte de las editoriales estadounidenses de publicar literatura en español: aseguran que no hay lectores para esa escritura. Entonces nos volvemos testigos y cómplices de un endémico círculo vicioso: no se publica porque no existe el mercado y no existe el mercado porque no se publica literatura en español. Ahora bien, en *Literal*, eso es justo lo que estamos tratando de revertir. Sabemos que hay un mercado que consume literatura en español, sabemos que hay interés por la literatura en traducción proveniente de Latinoamérica y queremos ser parte de la construcción del puente que acabará por construirse y unirnos a todos. Sin embargo, el ambiente político se ha polarizado y eso juega en nuestra contra, así como en contra de todo este sector que busca tener una presencia cultural hispanoparlante en Estados Unidos.

Sí encuentro que, en general —aunque no solo en Estados Unidos—, el ambiente literario suele privilegiar a los escritores. Desde *Literal,* sin embargo, estamos contribuyendo con nuestra parte porque, aunque publicamos escritores y escritoras por igual, las escritoras han encontrado en *Literal* un hogar que quizá otras editoriales de Estados Unidos no ofrecen.

Has participado en al menos siete antologías de escritura en español en Estados Unidos, como *Diáspora* (2017), *Raíces latinas* (2012), entre otras. ¿Qué piensas de cierta proliferación de este tipo de antologías? ¿Crees que constituyen un recurso eficaz para promover la literatura en español este país? ¿Qué aportan o qué pretenden?

Me parece que su aportación es esencial, visto, claro, desde mi perspectiva, porque hacen la función de un censo (valga la analogía) y proveen un mapa del ambiente literario de los que estamos escribiendo desde Estados Unidos.

Recibiste el Mujeres Destacadas Award por la agencia periodística norteamericana Impremedia, en el 2014. Has recibido otros premios de parte de instituciones estadounidenses y eres colaboradora de la Academia Norteamericana de la Lengua. Como una

escritora cuya mayor producción parece estar en español, ¿qué representan estos reconocimientos desde espacios estadounidenses?

Representan por un lado la afirmación de que existen los lectores para una literatura producida en español y por el otro, la necesidad de más producciones de esta naturaleza. Porque si no existiera esta literatura, viviríamos en una especie de orfandad.

¿Cómo percibes el futuro de la escritura en español en Estados Unidos? ¿Crees que tiene un futuro?

Tiene futuro y lo sé porque cuando empecé este camino, no parecía existir. La sensación era la de estar nadando contracorriente. Se dice fácil, pero nadar cuando el agua va en tu contra y sin ver la orilla, no solo es exhaustivo sino desmoralizador. Así me sentí por mucho tiempo hasta que pude observar cómo las circunstancias tanto políticas como sociales han ido cambiando poco a poco y han propiciado un campo fértil para nuestra literatura.

ANJANETTE DELGADO:
LLAMAR A LAS COSAS POR SU NOMBRE

La primera novela de Anjanette Delgado se titula *La píldora del mal amor* (2008) y fue ganadora del International Latino Book Award el año de su publicación. La escritora puertorriqueña rememora la frustración que le causó que la obra fuera inmediatamente catalogada como «*smart*» *chick lit*. El hecho de que le dijeran que escribía «literatura de chicas» la llenó de contradicciones: «Lo percibía como peyorativo y así era. Pensé que esa opinión se debía a que en el libro no había una gran tragedia más allá de la pérdida individual del amor. Nadie moría de cáncer. No trataba sobre una revolución política ni sobre una dictadura histórica. Era una novela sobre una mujer, su ataque de cuernos y su esfuerzo por aprender de la experiencia». Sin embargo, fue gracias a las lectoras y lectores que se concilió con el humor de su obra: «Recibía muchos correos y mensajes de gente que no conocía, mujeres diciéndome lo mucho que habían disfrutado mi novela. Lo mucho que les había ayudado a sentirse acompañadas durante un dolor de corazón como el que sufre Erika Luna, mi protagonista».

En su momento, Delgado pensó que la acogida que la crítica le había dado a su obra era una muestra de las contradicciones entre los intereses del circuito comercial y el público lector. Pero después de terminar su Maestría en Escritura Creativa en Florida International University (FIU), y aprender a leer su propia obra de otras maneras, se dio cuenta de que «todos mis argumentos sobre los prejuicios ante la literatura femenina existían como verdades en el mundo, pero no eran la realidad de mi novela. Aprendí que había escrito una buena novela, pero que pudo haber tenido más contexto, personajes mejor delineados».

Su segunda novela fue la tesis de dicha maestría. Se trata de *La clarividente de la Calle Ocho* (2014). Según Delgado, el escritor y periodista Hernán Vera Álvarez la declaró «*la* novela de La Pequeña Habana» en su columna de *El Nuevo Herald*. «Le dio un lugar a mi historia, un contexto más allá de la que estaba en las páginas y hay pocas cosas de las que estoy más orgullosa. La historia de esta autora muestra el valor de las redes intelectuales cuando se habla de escritura en español en Estados Unidos: «Ese fue el comienzo de cosas importantes para mí. A través de Hernán conocí a Pedro Medina León y con ellos he colaborado en muchas cosas, pero lo más importante es que ellos y los escritores miamenses de los que se rodean se han convertido en mi comunidad, en una segunda familia, y no hay cosa más importante para un escritor. Esta profesión es ya suficientemente solitaria. Sin comunidad, no eres nada».

Los cuentos de Delgado han sido publicados en revistas literarias como *Kenyon Review, Pleiades Magazine y Hostos Review*. Pero el peso de la recepción de su primera obra seguía pesando sobre su manera de aproximarse a la literatura: «Descubrí que escribía con sabor a *chick lit* porque tenía miedo de escribir sobre mi vida, sobre mi niñez. Había tanto que no había procesado que no quería traerlo a mis novelas». Asegura que escribir un cuento como «De mangós y de murciélagos», publicado también con el título de «Ángeles Negros», le cambió la vida: «significó que ya me sentía lo suficientemente fuerte para tocar cosas tristes, desgarradoras. Desde ese momento, fui otra escritora. Con más acceso a mi propia mente y con más valentía».

¿Qué cambió?

Luego de ese cuento, he editado libros y he escrito un poco de todo, desde un ensayo lírico sobre el suicidio de mi yerno, hasta columnas sobre mi periodo *stalking* a un hombre que ya no quería nada conmigo. Titulada «Close Call» originalmente, fue publicada en la columna «Modern Love» en *The New York Times* y resultó en una experiencia realmente increíble cuando desperté al día siguiente de que saliera publicada y vi que tenía más de 300 correos de gente que no conocía, todos contándome de sus luchas para dejar ir a un amor.

¿Con qué te quedas de todas las experiencias del pasado?

Gané un Premio Emmy hace muchos años por una serie que trataba sobre madres indocumentadas trabajando como niñeras en Miami, añorando a sus propios hijos que habían quedado con familiares en sus países de origen. La produje y escribí junto a la magnífica presentadora de televisión, Alina Mayo Azze y fue fabuloso. Aprendí mucho de ella. Es una gran profesional con una ética impecable.

Todas mis experiencias cubriendo guerras, elecciones presidenciales, los sucesos de 9/11, son muy preciadas para mí. Tanto como que mis novelas se publicaran en México, país que conozco y adoro y en el que trabajé durante años.

Además de narradora, tienes una extensa carrera como columnista y colaboradora de distintos medios de prensa estadounidenses. ¿Qué importancia tienen para ti estos espacios de divulgación general?

Mucha. Son para mí lo que para otros son las redes sociales. Pero la columna te obliga a hacer un argumento racional. Te obliga a pensar, a ver los dos lados. Es un formato que me fascina.

¿Cuál es la nacionalidad del lector o lectora para quien escribes narrativa?

No lo veo por nacionalidad. Lo veo por género. Tiendo a escribir para almas femeninas, independientemente del cuerpo en el que vivan.

Podría decirse que, en América Latina, son tres o cuatro los países con más hegemonía en el canon literario de la región. Esto no significa que no exista tradición nacional en todos, pero sí varía la visibilidad de las autoras según su nacionalidad. Eres puertorriqueña, ¿te reconoces en tu tradición nacional o en otra tradición?

Permítanme primero despotricar en apoyo a la premisa. Recientemente estuve a punto de editar un libro que abarcaba dos siglos de escritoras latinoamericanas. Mi investigación reveló que todos los países latinoamericanos tienen obras literarias que deberían ser parte del canon literario de la región, muchas de ellas escritas por mujeres que hemos olvidado. En Puerto Rico, por ejemplo, la gente se acuerda de Rosario Ferré y de Julia de Burgos. Pero en la escuela ya no nos enseñan sobre Viviana Benítez, y si nos hablan de Lola Rodríguez de Tió es en un contexto político, más que literario. Sin embargo, ambas escribieron obras trascendentales, no solo para Puerto Rico, sino también para el resto de Latinoamérica.

En el presente, pasa lo mismo con la puertorriqueña Mayra Santos Febres, que es un portento y ha roto mil barreras con su literatura, pero es negra y no tiene pelos en la lengua y, quizás por eso, su nombre no tiene el reconocimiento internacional que merece.

Lo que intento decir es que, especialmente con las mujeres, no podemos dejarnos llevar por lo que está en el canon, porque es sumamente limitado, históricamente machista, y no refleja las contribuciones de miles de mujeres en cada uno de nuestros países.

Elena Poniatowska es otra autora con obras que deberían ser parte del canon. Silvina Ocampo, Alejandra Pizarnik, Esmeralda Santiago, Julia Álvarez e Isabel Allende. Todas tienen obras que deberían ser tan parte del canon como lo son *Cien años de soledad* (gran obra) y la poesía (a menudo mediocre) de Pablo Neruda.

Sin embargo, esas últimas autoras que mencionas son muy reconocidas en sus países, publican en grandes editoriales, se estudian en las universidades también de Estados Unidos. ¿Qué es para ti el canon literario y por qué dices que estas mujeres en específico no forman parte de él?

Con el canon literario me refiero a los hitos históricos. O sea, a los periodos que se estudian y trascienden como Vanguardismo, Romanticismo, etcétera. Para varios proyectos he leído no sé cuántos estudios sobre estos hitos y siempre son los mismos nombres, en su mayoría de hombres: García Márquez, Neruda, Cortázar. Y está muy bien. Pero pienso que estas mujeres y muchas otras también deberían ser parte de esos periodos que se estudian en las escuelas, que sus libros deberían asignarse y leerse no solo ahora, sino por las décadas de las décadas.

¿Cuál es el papel de los artistas, y especialmente de las creadoras mujeres en ese futuro que tú vislumbras con más divulgación de obras femeninas?

Precisamente, en dar apoyo y espacio a los jóvenes. En mi caso, siempre escribí pensando en catálogos de vidas para mujeres, primero puertorriqueñas y, después, de todas partes. Para que pudieran ver cosas que no pensaron podían hacerse, decidirse, decirse, lograrse. Así fue como los libros me salvaron a mí y creo fervientemente en ellos como agentes de cambio.

Vives en la Florida hace años, ¿te consideras una escritora latinoamericana o una Latinx writer?

Soy una escritora puertorriqueña que emigró y vive en el país que colonizó a Puerto Rico, lugar que tiene una serie de valores que apoyo de todo corazón, y muchos otros que no. Entonces soy una escritora puertorriqueña primero. Por virtud de eso, soy automáticamente una escritora latinoamericana. Y por virtud de haber emigrado y estar viviendo la experiencia inmigrante en Estados Unidos junto a otros cuyo origen colonial es similar (habla hispana, históricamente católicos, etc.), soy una escritora latinx.

¿Cómo es posible? Porque creo que si tienes que limitar a un autor, catalogándolo o delimitándolo, la manera correcta de hacerlo es en base a su experiencia. Cuando estudiamos a un autor ruso, por ejemplo, miramos su nacionalidad y los eventos de su tiempo y de su lugar como pistas para entender el contexto que lo llevó a escribir de lo que escribió. Entonces lo hacemos para entender más claramente el texto. Y eso está bien. Y en ese contexto, soy todas las cosas que aquí explico. La diferencia está en la experiencia vivida que informa lo que se escribe.

¿Puerto Rico es Estados Unidos?

Puerto Rico es un país caribeño por ubicación. Es latinoamericano por historia. Colonizado primero por España, fue entregado como botín de guerra a los Estados Unidos a fines del siglo diecinueve. Entonces se convirtió en un país colonizado por Estados Unidos. En un país perteneciente a Estados Unidos. O sea, en un territorio sin derechos. Poco más que esclavos. Y sin embargo, aun así, un país.

A mediados del siglo xx, al gobernador Luis Muñoz Marín se le ocurrió utilizar la hipocresía estadounidense a favor de los puertorriqueños, negociando mejoras a la vida en la isla, a cambio de una manera en la que los estadounidenses pudieran defenderse de las acusaciones de imperialistas y colonos, que era lo que eran y lo que son.

Negoció programas, alfabetización y la ciudadanía estadounidense entre muchas otras cosas. Pero el experimento nunca estuvo diseñado para ser permanente y ahí está la gran tragedia de mi pueblo.

Los que quieren ser estadistas, quieren serlo porque no creen que Puerto Rico pueda subsistir como país democrático y libre sin los Estados Unidos. No sé si tienen razón o no.

Los que quieren la independencia, quieren el ideal de cualquier patriota, pero todos tienen recursos que les permitirían vivir mejor que el resto y sus ideales jamás han tenido que ser probados en tiempos modernos, excepto en impactos pequeños como los asesinatos del Cerro Maravilla (que luego se comprobó fue un entrampamiento) y otros como es el caso de Los Macheteros.

Y los estadolibristas no han logrado que los Estados Unidos de una permanencia y un respeto a nuestro estatus. Mientras, ahí estamos, sin divorciarnos, pero sin vivir en la misma casa. A ellos no les importamos excepto cuando pueden sacar algo de nosotros y así seguimos. Con un amo que no le importa si la casa se cae, se derrumba, si morimos.

Entonces somos una nación cultural. Con sede prestada en una islita hermosa en el Caribe. No nos pertenecemos ni a nosotros mismos, pero somos puertorriqueños no importa donde vivamos (hasta en la luna), amamos a Puerto Rico a pesar de todo y no podemos evitarlo. (Lo hemos intentado.) Esas dos cosas son lo único que sabemos con seguridad.

Puerto Rico lleva varios años en una situación difícil. El huracán María tomó a la población en medio de una crisis económica. Terremotos, huracanes. ¿Cómo ves el futuro de la isla?

Es muy difícil contestarles esa pregunta. No vivo en la isla desde 1991. Lo que cuente de hoy día, lo sé porque visito y porque mi mamá vive en Carolina. Por amistades, colegas y lectores amados y por la prensa como todo el mundo que vive fuera. Yo, por lo menos, no veo diferencia entre las condiciones en Puerto Rico y las condiciones en otras naciones caribeñas, con la gran excepción de Cuba, a la que el comunismo sigue destruyendo. No se ve hermoso el futuro excepto por una cosa importante: los jóvenes. Wow. Los jóvenes puertorriqueños están fuera de liga: inteligentes, articulados, con principios. Tengo fe en que de ellos emergerá un caudillo, o muchos, que organizará aquello y acabará con todo lo que no tiene sentido. La Universidad de Puerto Rico, mi Alma Mater, está repleta de luminarias. Solo hay que darles apoyo y espacio.

Vienes de un territorio bilingüe y vives en uno multilingüe, ¿cuál es la relación entre tu identidad y

el lenguaje de tu escritura? ¿En qué idioma te sientes más cómoda escribiendo y por qué?

No estoy segura de que Puerto Rico sea un territorio bilingüe. Y si se refieren a Miami, no vivo en un territorio realmente multilingüe. La mayoría de los puertorriqueños no hablamos inglés. El área metropolitana sí, claro, pero, ¿la isla? No. Y en Miami se habla inglés, español y creole... pero no es real. Los latinos podemos ser muy racistas. No nos mezclamos realmente con los haitianos que viven aquí. Ni con los afroamericanos, lo cual es una verdadera pena. Hay mucha segregación, tanto espontánea como sistémica. Cada comunidad vive en un lugar bilingüe, inglés y español. O inglés y creole.

Dicho eso, la relación entre mi identidad y el lenguaje es muy estrecha porque, como todo lo demás, es muy confusa. Escribo en los dos idiomas con igual incomodidad y unas cosas piden ser escritas en español y otras en inglés y luego las traduzco. Eso sí, hay una cosa que no puedo hacer en inglés: amar. Si le damos peso a eso, entonces tendríamos que decir que el español impera en mí.

Entonces ¿hablas español en casa, con tus hijas?

Con mi marido hablo español. Con mis hijas hablo más inglés que español. Con mis amistades hablo lo que las ponga más cómodas a ellas. Tengo grandes amistades en ambos idiomas y culturas.

Hace poco escribías en una columna que no te considerabas una escritora afrolatina. ¿Qué aportan estas divisiones al debate sobre representatividad?

Crean un espacio en el que una experiencia de vida particular puede existir y ser fortalecida por el ímpetu de grupo. Te doy un ejemplo. En estos días una persona comentaba en Twitter que un programa de televisión no tenía ni un solo latino en el cast. Alguien le contestó que sí, que el muchacho negro que hacía del novio y la muchacha de afro que hacía de mejor amiga eran latinos. La persona que envío el tweet original no entendió la respuesta. Aclaró que ella hablaba sobre latinos, no sobre negros. Como si no hubiera latinos negros. Entonces, si yo que soy de tez clara, y me sigo llamando afrolatina o Negra, perpetúo la tendencia humana a seguir marginando e ignorando la presencia e importancia de los Negros latinos. Porque van a seguir pensando que se pueden salir con la suya y escoger a una «Negra» menos Negra como yo, para seguir discriminando a los que más odian, a los más oscuros. El racismo empieza por la piel. Entonces no podemos permitirlo. Afrolatino significa Negro. También significa bello. Vamos a acostumbrarnos a llamar las cosas por su nombre y a darles espacio a todas las tonalidades.

¿Y el feminismo? ¿Te consideras una escritora feminista?

Absolutamente. Creo que es mi responsabilidad definirme como tal y actuar como tal. Nuestras madres lograron mucho, mucho en la segunda ola feminista de los 60 y 70. Pero la lucha por educar no ha terminado. Al contrario. Y todos sufrimos el machismo. Es una cosa asquerosa. Origen de muchos otros males que no solo afectan a las mujeres y está vivito y coleando, cada vez más rabioso.

Eres una de las autoras que hemos conocido con más conciencia sobre la importancia de crear redes intelectuales. ¿Qué importancia consideras tienen esas redes de colaboración?

Es todo. Todo. No puedo vivir sin mi red. No puedo escribir. No puedo crecer.

¿Es posible crear redes intelectuales sin ser complaciente con el trabajo de personas que invitas a colaborar en diferentes espacios? ¿Cómo evitar esto?

Totalmente posible. ¿Por qué no lo sería?

Como editor, siempre comienzas poniéndote en los zapatos del autor y haciendo tu trabajo de leer cuidadosamente el escrito que te entrega antes de comentar. Así puedes ser muy específica en tus sugerencias y puedes explicar claramente lo que lograría el cambio que sugieres. No he conocido todavía a un autor que no entienda y agradezca eso. Habrá algún energúmeno, estoy segura, como en cualquier profesión. Pero deben ser los menos porque no me he topado con ninguno todavía, por suerte.

Ahora, si criticas y exiges cambios sin ni siquiera entender lo que el escritor está tratando de lograr, y sin haberte comprometido a ser su socia para lograrlo... pues no deberías editar. Y sí me he topado con editores que creen que editar es reescribir. No lo es.

¿Cuál es la importancia de las redes para el trabajo de las autoras latinoamericanas que escriben desde o en Estados Unidos?

Como para todos los demás escritores, son muy muy importantes. Es el espejo en el cual puedes verte para corregirte. De vez en cuando la imagen en el espejo te sonríe y te percatas de que no estás tan sola, aunque lo parezca.

¿Es posible ser mujer, latina y ser una escritora exitosa en Estados Unidos?

Claro que sí. Patricia Engel es muy exitosa. Valeria Luiselli. Julia Álvarez, también Isabel Allende y Esmeralda Santiago, mi mentora. Pero para lograrlo tienes que hacer la cosa más deliciosa del mundo: dedicar tus días a leer mucho y a escribir cada día mejor. Si haces eso, ya ganaste. Ese es el punto de todo: el trabajo, lo que regalas a otros. Lo otro son cosas estériles, sin promesa, sin magia. La solidaridad, la creatividad, la expresión, lo que le dices a un lector con tu trabajo; eso es lo que importa.

Por tu respuesta, parecería que es suficiente trabajar duro para lograr ser una escritora con cierta visibilidad. ¿Crees que existen retos diferentes para mujeres que no vengan de privilegios sociales, ni tengan el respaldo de la academia? ¿O crees que las posibilidades de éxito son las mismas para todas?

No. Es que, para mí, éxito y visibilidad son dos cosas distintas. Supongo que uno los conceptos de éxito y productividad en mi cabeza. Para mí, las autoras que logran escribir y producir y crecer en la práctica de sus obras son exitosas. Sin embargo, la autora de *50 sombras de Grey* es muy visible. Pero no la considero exitosa en términos de letras, que es de lo que hablamos.

Para mí el éxito es poder dedicarte a tu arte, hacer tu trabajo como escritora y hacerlo cada vez mejor: Conectar con un público que sigue tu voz, a veces ese público es amplio y a veces no; ser un miembro productivo de una comunidad literaria, contribuir, estudiar. Las otras cosas puede que lleguen y puede que no. O que lleguen durante un tiempo y luego no. El éxito no puede depender de esas cosas que no tienen que ver contigo (la industria, el público, la promoción, la distribución, la publicista que puedas pagar, si llegó una pandemia dos semanas antes de tu debut). En mi humilde opinión, solo puede depender, o más bien descansar, en tu trabajo y la satisfacción que te dé hacerlo.

LILA ZEMBORAIN:
«SOY ARGENTINA, PERO NO ME CONSIDERO SOLO UNA POETA ARGENTINA»

«Ahora no estoy en New York. Hace tres meses que me vine a Shelter Island. Está a dos horas y media de New York y, como ves, ahí en la ventana, estoy al aire libre. Igual es muy fuerte todo lo que está pasando allá».

A Lila Zemborain la entrevistamos cuando New York, la ciudad donde ha vivido por más de 30 años se debatía entre seguir respetando el cierre por la emergencia sanitaria del coronavirus y salir a la calle, a protestar en contra del asesinato de George Floyd. En realidad, la indecisión fue muy breve, porque la gente desbordó pronto las avenidas antes desiertas y marchó, por más de tres semanas, para protestar en contra del racismo de la policía estadounidense: «Mi hijo está en New York, está participando de las protestas, así que me voy enterando de todo lo que pasa y eso me pone un poco nerviosa también», comentaba Zemborain, cuando do la pava la convocó con un silbido, avisándole que estaba lista el agua para su café.

Sus sorbos de café acompañaron casi hora y media de amplísimo diálogo, que se concentró en sus proyectos de poesía y su visión sobre la escritura creativa, en las conexiones entre meditación y creatividad y en su experiencia con la traducción. Zemborain es autora de numerosos libros de poesía como *Ábrete sesamo deba-jo del agua* (1993), *Usted* (1998), *Guardianes del secre-to* (2002), *Malvas orquídeas del mar* (2004), *Rasgado* (2006), *El rumor de los bordes* (2011), *Materia blanda* (2014), entre otros. Sus versos han sido traducidos al inglés, francés y catalán; fue la directora del programa de Escritura Creativa en Español en la Universidad de New York (NYU) de 2009 a 2012 y es también autora de libros de investigación literaria.

Si se le pregunta sobre sus publicaciones más recien-te, comenta cuán emotivo ha sido para ella que en su país de nacimiento, Argentina, se publicara en 2019 su poesía reunida bajo el título de *Matrix Lux*: «Reúne siete libros publicados y dos inéditos. Para mí fue muy importante publicar allá, sobre todo con todas las pro-blemáticas que hay para quien vive afuera de su país de origen. En los últimos años publiqué en España, pero como que perdí un poco el hilo con la Argentina. Estoy súper contenta».

Felicidades, ¡qué buena noticia!

Gracias.

¿Y viendo tu obra reunida en perspectiva, qué sig-nifica para ti ser una poeta argentina en la ciudad de New York?

Es complicadísimo. Yo cuando llegué a New York no escribía poesía. O más bien, sí había escrito poesía en la Argentina, cuando tenía veinte y pico de años y ha-bía hecho un librito muy artesanal, que, digamos, armé con poemas míos. Hice cuatro ejemplares con fotoco-pias— no se publicó ni nada. Ese librito se ha perdido en el tiempo y en el espacio. No tengo ni uno de esos ejemplares. O sea, tengo guardados algunos poemas… pero hay otros que están perdidos. Eso fue todo lo que hice en la Argentina. Después me dediqué a otras cosas —era tiempo de la dictadura—, me casé allá y me vine a vivir a New York en 1985. Aquí empecé la maestría de literatura en NYU y después hice el doctorado. Mientras estaba haciendo la maestría vino Nicanor Parra a darnos unas clases de poesía; no de creación, era un curso sobre poesía. Pero nos pidió que escribiéramos un diario sobre la clase o sobre lo que nos diera la gana. Y empecé a escribir poemas intercalados en el diario. De ahí salió mi primer libro de poesía, que después publiqué en la Argentina.

Por eso es complicado. Porque no soy una poeta que hizo su trayecto en la Argentina, sino que lo hice en New York y desde la distancia de New York empecé a escribir poesía en el contexto universitario. Pero tenía como interlocutor un público argentino. No tenía ninguna relación con el contexto de acá, ni me interesaba tener esa relación. Estaba en ese mundo de la maestría de literatura latinoamericana.

Eso me pasó con los dos primeros libros que fueron *Ábrete sesamo debajo del agua* y *Usted*, publicados en Buenos Aires. Tenían que ver uno con mi embarazo y el otro con la muerte de mi padre, que fueron cosas simultáneas. Los dos fueron publicados con una distancia de cinco años porque no podía, no podía lidiar con los dos sucesos al mismo tiempo. Por eso uno lo publiqué en 1993 y el otro en 1998. Después de haber publicado esos libros, empecé a relacionarme más con poetas norteamericanos. En New York vivo en el mismo edificio que Cecilia Vicuña, somos amigas. Y bueno, a través de Cecilia empecé a ir a The Poetry Project, y a relacionarme con muchos poetas que ella conocía y ahí también la conocí a Rosa Alcalá, que era la traductora de Cecilia, y nos hicimos amigas. Entonces, cuando me llamaban para hacer una lectura en New York, Rosa me traducía los poemas. Todo muy orgánico.

A partir de esta experiencia, ¿en qué mapa literario te ubicas hoy? ¿Te reconoces o identificas a tu obra en una tradición nacional?

Rosa Alcalá empezó a traducir los poemas para las lecturas, porque esa era la intención, pero algunos libros que yo estaba escribiendo y que se fueron publicando en la Argentina, se terminaron publicando en traducción también en New York. El primero se publicó en Belladonna Books, *Mauve Sea-Orchids,* y el segundo en Noemí Press, *Guardians of the Secret*, en 2007 y 2009, respectivamente. ¿Qué fue lo que pasó? Yo estaba muy entusiasmada y metida con el mundo americano y estaba contenta de que ya había publicado tres o cuatro libros en la Argentina. Cuando en el 2007 empezamos la Maestría de Escritura Creativa en Español, me absorbió completamente ese mundo, ya más amplio que el argentino, un mundo de hispanohablantes, de españoles, latinoamericanos, latinos en Estados Unidos. Me absorbió ese mundo y perdí un poco, no del todo, ese contacto que ya estaba establecido con poetas de acá. No podés hacer todo al mismo tiempo. Son demasiadas cosas.

Así que, si yo tuviera que decir a dónde pertenezco como poeta, sería a ningún lado. Porque sí, tengo lazos muy importantes con la Argentina, y me encanta publicar en la Argentina. Soy argentina, pero no me considero solo una poeta argentina. Escribo en Estados Unidos y escribo en español y entonces necesito, dependo de la traducción para que mi obra se conozca aquí. Pero tampoco soy una poeta norteamericana.

Creo que mucha gente te va a contestar eso, como que no estás en ninguno de los dos lados y estás en los dos lados al mismo tiempo. También me pasa con España, porque dos de mis libros se publicaron allí.

Es interesante y precisamente tu nombre aparece en una lista llamada «U.S. Latinx Voices in Poetry», que recopila la reconocida Poetry Foundation. ¿Te consideras entonces una poeta latinoamericana, latina o latinx? ¿Por qué?

Yo me considero una escritora latinoamericana que vive en New York. Me considero así porque como latinx, imagino a gente que tiene más relación con el inglés que con el español. Es un término que está muy cargado. Me considero más latinoamericana porque nací en Argentina y viví allí por casi treinta años, pero me puedo considerar latina o latinx, porque no se trata solamente de los nombres con los que una se considera sino los nombres que a una le dan, donde una también participa. Yo me siento identificada, por ejemplo, con la estética de muchas de las poetas latinx que también están en esa lista, como Carmen Giménez Smith, que tienen una poética más experimental. Entonces también me siento identificada con parte de ese grupo, a pesar de que yo escribo en español y que, si publico acá, es en traducción.

Mencionabas que Rosa Alcalá ha sido una de las traductoras de tu obra. Hay una cita del poeta estadounidense Robert Frost en la que define la poesía como «aquello que se pierde en cualquier traducción». ¿Se pierde «algo» en la traducción de tus poemas?

Yo he trabajado con varios traductores, la primera fue Rosa. Fue una experiencia genial porque tradujo mis primeros poemas, y también *Guardianes del secreto* y *Malvas orquídeas,* junto con Mónica de la Torre, una poeta mexicana. Mónica es completamente bilingüe porque su padre es mexicano, su madre es norteamericana, ellos vivían en México; pero después se vinieron a vivir a acá. Ella es una poeta norteamericana conceptual y una buenísima traductora. Después me tradujo también Christopher Winks, profesor en CUNY, quien traduce mayormente escritores mexicanos. Y ahora mi hijo me está traduciendo, lo que ha resultado una experiencia súper interesante.

Rosa es de acá, es norteamericana, pero sus padres son de Andalucía. No sé qué pasa con el español de Andalucía y con el español argentino o por lo menos con el mío, que la cadencia y el ritmo son muy similares. Para mí este es un aspecto fundamental de la traducción: que vos leas uno de mis poemas en inglés y en español, y conserven el mismo ritmo. Las palabras, el lenguaje que se usan ya es cuestión de encontrar el sinónimo adecuado; que a veces es redifícil también, pero menos llamativo si no hay una ruptura en la cadencia, en ese flujo entre los dos idiomas.

Rosa y Mónica tradujeron *Malvas orquídeas del mar.* Rosa empezó a traducir algunos poemas, a medida que yo los iba escribiendo. Pero ella estaba totalmente inmersa en la poesía de Cecilia Vicuña y no le daba el tiempo para hacer tantas cosas. Entonces empecé a trabajar con Mónica y por eso el libro tiene dos traductoras, que es algo raro. Rosa tradujo los primeros poemas que escribí, pero que, al final, resultaron ser la última parte del libro. Y después Mónica tradujo unos más de tipo científico, donde hablo sobre las glándulas y las células, con un lenguaje mezclado, entre científico y lírico al mismo tiempo. Mónica tiene una precisión absoluta con la elección de palabras. Así que quedó muy bien la combinación entre el trabajo de las dos, porque después revisaron el resultado para que hubiera una coherencia en cuanto al tipo de lenguaje que estaban usando, especialmente las palabras clave para mi poesía.

Con Christopher Winks estamos en proceso de traducción de un libro que se llama *Materia blanda*, poemas cuadrados que escribí con los ojos cerrados, en un estado medio meditativo. Para él fue redifícil la traducción, según me dijo, porque que en estas reflexiones sobre el proceso mental y los límites del cráneo o los límites que uno tiene, el lenguaje es muy elaborado. Cuando estaba en el proceso de edición de los primeros poemas, le pedí a mi hijo, Lorenzo Bueno, que los leyera. Me empezó a ayudar con la edición, que es un trabajo muy laborioso, y con mucha conversación y mínimos cambios sobre traducciones de Chris, logramos clarificar partes que ni siquiera yo entendía en el original y quedaron súper bien. Fue un ejercicio revelador porque él conoce exactamente mi español, es totalmente bilingüe y además de ser artista le gusta mucho escribir y lo hace muy bien.

El último libro que publiqué, *Matrix Lux,* que da nombre a toda la obra reunida, lo está traduciendo Lorenzo. Es un libro que escribí cuando estuve enferma. Tuve cáncer hace cinco años y empecé a meditar durante el tratamiento. Esos poemitas de *Matrix Luz* parten del mantra con el que yo meditaba.

En *Rasgado*, el primer poema repite el nombre de mi hijo «Lorenzo, Lorenzo, Lorenzo». Lo escribí para representar el momento del ataque a las Torres Gemelas, cuando fui corriendo a la escuela a buscarlo. Él estaba en una escuela al lado de las Torres. Entonces en mi hijo se juntan la situación de ser hijo, personaje de mi obra y traductor de mis poemas, según él mismo lo ha analizado. Y esas tres cosas se conectan en *Matrix Lux* donde la cuestión de la matriz está presente. Ahí se logró algo muy lindo que es que mi hijo estuviera entrando en mi cabeza para entender y traducir el proceso de la cura en un inglés que es equivalente a mi argentino. No es que lo hiciéramos sin pelear, ¿eh? Él no sabe gramática castellana, porque estudió en un colegio norteamericano. Entonces me decía, qué se yo, «tal palabra» y yo le decía: «Pero eso es un subjuntivo, ¡¿no sabés qué es un subjuntivo?!» O, por ejemplo, me preguntaba: «¿Qué quiere decir 'lo'?». «Objeto directo». «¿Qué es objeto directo?». «Bueno, vos no podés traducir, esto es un desastre», etc. Pero al final fue increíble. Ya tenemos ese libro traducido casi completamente, falta poquito. Y se va a publicar en inglés, si la pandemia lo permite.

¿Tienes alguna experiencia con la autotraducción?

No. Tengo algunos poemas que están escritos directamente en inglés. Justamente en *Rasgado* paso del español al inglés en unos cuatro poemas. Pero no creo que tenga la capacidad de manejar el inglés para poder traducir mis poemas. Y eso que lo hablo perfecto. Lo que sí puedo es corregir poemas que me hayan traducido, pero traducirlos yo misma no, no, sería como un imposible.

También traté, en un momento dado, de hacer traducciones, pero me costaba mucho entrar en la cabeza de la otra persona. No puedo entrar en el mundo verbal de la otra persona. Es que tengo una historia casi física con el lenguaje. Mis poemas tratan mucho sobre el cuerpo y la biología; escribo en un estado muy rítmico a mano, como se hacía antes, porque no escribo en la computadora. Así que mi cuerpo se relaciona con el proceso de escritura. Y esa relación no la tengo en inglés. No tengo una memoria física de las palabras como para lograr una autotraducción.

Dictas clases en el Máster de Escritura Creativa en Español de Universidad de New York y fuiste también su directora, ¿qué buscan los escritores cuando deciden formar parte de un programa MFA?

Fui directora del programa por tres años y generalmente, en estos últimos años, he sido la directora asociada del programa. ¿Qué buscan los escritores? Bueno… por lo menos en el caso nuestro, un elemento muy importante del programa es que está en New York, un lugar de cruce de tantos escritores, de tantas culturas. Pienso que es algo muy atractivo dentro de la ciudad de New York, con una tradición latina tan fuerte y con todo el contexto y la cantidad de gente que habla en español.

Enfocándonos específicamente en el programa, lo que tiene de genial es el cruce de distintas versiones del español de los distintos países, de las distintas entonaciones y vocabularios. Y, por otro lado, la red que se va creando entre los mismos estudiantes; entre ellos y con los profesores; y además con los invitados que vienen. Tenemos todo un programa de eventos que permite también que sea muy cercana la relación que se establece entre los estudiantes y estos escritores.

Por supuesto, a los estudiantes también les interesan los profesores que están en el programa, que son muy buenos: Diamela Eltit, Sergio Chejfec, Lina Meruane, Mariela Dreyfus, Alejandro Moreno y yo. Además, está la flexibilidad que hay dentro del programa, que no es rígido ni estricto en cuanto el género de la escritura. Nos interesan los proyectos híbridos. Es completamente libre, abierto. El rigor estaría, digamos, en el desarrollo de un proyecto y en el proceso de revisión. El trabajo es constante y muy estimulante, tanto para los estudiantes como para los profesores. Creo que en todos los programas más o menos debe pasar eso, ¿no?

Sabemos que actualmente en Iowa casi todos los candidatos al MFA son estudiantes internacionales. ¿El programa de NYU atrae mayormente a estudiantes internacionales, o también a escritores que viven en Estados Unidos?

Generalmente, la mayor parte de nuestro programa son estudiantes internacionales, gente que viene de afuera y sí, mayormente de Latinoamérica y también de España. Del Caribe también: puertorriqueños, dominicanos.

Gente que vive acá en Estados Unidos también solicita. Pero el requisito que tenemos es que tienen que escribir bien en español, además de un buen *background*. Un programa de escritura creativa en español tiene que tener esa limitación porque no damos clase de gramática. No es que nuestros estudiantes no escriban mezclando español e inglés. Por ejemplo, una estudiante puertorriqueña en su tesis de poesía pasa del español al inglés en el mismo poema, lo hace así muy fluidamente. No es que no hagamos eso. Pero necesitamos que los estudiantes sepan escribir correctamente en español. Y bueno ojo con esa palabra «correctamente». ¿Qué quiere decir correcto? En este caso que conozcan la gramática.

El problema parece ser que no siempre los escritores que escriben en español en Estados Unidos están interesados en programas académicos de escritura. Y los más jóvenes, que sí lo están, suelen manejar el inglés más que el español.

Lo que pasa es que también hay que darle la importancia al español que tiene en este país. Los que damos las clases en el programa somos casi todos latinoamericanos junto con un caribeño y con este programa, y con todos los programas que fueron creados después, lo que mostramos es que el español es un idioma vivo en este país. Y es muy importante además que surja una literatura que esté escrita desde acá y en español. Sin restarle importancia a que haya también otros lenguajes más híbridos. A mí me gusta mucho cuando se producen fracturas en el español y entra la gramática del inglés a manejar el español. Todas esas cosas pasan y pasan bien. Pero creo que lo más importante es esto: Todo depende del objetivo que vos tengas con tu escritura. Si tu escritura es hacer una cosa híbrida de dos idiomas está bien porque es el objetivo que vos tenés. Es muy distinto si vos lo hacés porque no sabés escribir de otra manera.

Tenemos estudiantes de 45, 50 años, que a lo mejor viven acá hace mucho tiempo y ahora están desarrollando su escritura. Lo cual también da una perspectiva diferente a si son todos más jóvenes. A veces ya vienen con su propio proyecto, pero tratamos precisamente, porque están en New York, de que se envuelvan en todas las influencias que se pueden tener dentro de esta ciudad, donde está todo mezclado. Nada mejor para mí que cuando alguien viene con un proyecto y lo cambia completamente porque el programa, la ciudad, le cambió su experiencia de quién es y cómo debe escribir. Me entusiasma mucho más cuando alguien descubre la ciudad y además tiene que descubrir un lenguaje. Con todo lo que estamos viviendo ahora, el racismo, el odio a los hispanos, en el contexto de Trump, de la pared y de la jaula, creo que esas influencias se verán más y más.

¿Es un objetivo de la maestría de NYU abrir a sus estudiantes la puerta a grandes editoriales?

Tenemos algunos estudiantes que han publicado en editoriales importantes. Ya han pasado trece años desde que empezó el programa y salen a veces estudiantes con muy buenos textos que publican pronto. Ahí tiene mucho que ver la experiencia previa de los estudiantes y también la relación que cada profesor tiene, no sé si con las editoriales, pero sí con el hecho de que recomiende a alguien, aunque después la editorial decida lo que quiera. Pero, por ejemplo, Alia Trabucco Zerán, una escritora chilena graduada del programa, fue nominada para el Booker en Londres por la traducción de uno de sus libros. Entonces llegan a grandes editoriales también por otros lados, en este caso por una traducción. También depende mucho de la motivación de los estudiantes para mover su obra.

Nuestro objetivo dentro de la maestría no es la publicación ni la conexión con grandes editoriales. El objetivo principal de la maestría es que los estudiantes vayan pasando por el proceso de escritura y tengan un buen resultado, un resultado efectivo de acuerdo con lo que ellos quieran hacer. O sea, el énfasis en este momento está en la escritura y no tanto en la publicación.

Y ¿qué piensas de la proliferación de antologías en español que parece existir en Estados Unidos? ¿Crees que constituyen un recurso eficaz para promover esta literatura?

Creo que es buenísimo que aparezcan antologías, que aparezca el trabajo de tanta gente acá que está trabajando hace tantísimos años y de la gente más nueva también. Creo que los programas de escritura creativa han contribuido también con esta proliferación que ya existía antes, pero que estaba más callada o aislada. Las antologías además son material para las propias universidades, para que se pueda trabajar con textos nuevos, para que haya materiales de estudio sobre la escritura en español en Estados Unidos.

Además, por más que en los textos no se esté hablando obviamente de la situación de ser un escritor en Estados Unidos, ese tema está atravesado por el hecho de que esos autores están viviendo acá. Cualquier cosa que uno escriba desde acá va a estar atravesado por el contexto en que estás viviendo. Justamente el otro día presentamos una antología de escritores argentinos y fue súper interesante escuchar a todos los argentinos hablando de la nostalgia o de los problemas de ser inmigrante desde la distancia de vivir acá. A mí me encantó. Había un montón de autores que no conocía. En realidad, conocía a dos o tres nada más. Y no sé, como que este tipo de proyectos te genera una pertenencia también dentro de las miles de pertenencias que tenés por vivir en otro país.

Sería muy bueno que esas antologías se usaran en universidades para que los chicos puedan ampliar esa perspectiva de lo que es ser un latino, un latinoamericano, un latinx aquí en Estados Unidos.

Pero parece justamente que ese es el *disconnect* detrás de estos proyectos, porque: ¿quién está leyendo estos libros? ¿Solamente otros escritores se acercan a estas antologías?

Por eso digo que las editoriales se deberían conectar con las universidades. Ahí también influye el tema de la traducción. A mí, por ejemplo, ¿por qué me publicaron por ahí un par de libros en inglés y ahora me van a publicar otro? Porque vos hacés el esfuerzo de la traducción y querés que el otro sepa lo que vos estás diciendo; así como vos querés entender lo que está haciendo el otro en el otro idioma. Entonces para mí un conflicto existente es si esas antologías no debieran ser bilingües.

Por otro lado, toda esta gente que escribe en español y está acá, cuando las lean en México, en Cuba, en cualquier otro lugar, van a ser leídos como escritores latinoamericanos, o como latinos... y eso genera una situación extraña. Por eso para mí tiene que haber un balance entre la posibilidad de que los americanos lean lo que escribimos y también lo lea la población tan enorme de hispanos que estamos viviendo en Estados Unidos.

¿No sientes entonces que estas antologías también deberían llegar a Latinoamérica?

Claro. Pero todo eso está determinado por cuestiones editoriales, de distribución y del *mainstream* editorial, que son quiénes tienen la posibilidad de generar esa llegada. Incluso ahora, que existe internet, es muy difícil que un libro de Ecuador llegue a la Argentina. Esos intercambios todavía no son tan fáciles. Si te lo pedís por Amazon, puede ser, pero no van a estar en las librerías.

¿Te parece importante que los autores latinoamericanos que vivimos acá publiquemos en dos idiomas?

Sí, sí, para mí eso es importantísimo, porque si no te perdés un lector o te perdés el otro. Lo que pasa es que, en el caso mío personal, es muy difícil hacer las dos cosas porque es el doble de trabajo. Primero, escribís un libro, después viene todo el trabajo de la traducción cuando estás en otra situación, cuando estás escribiendo otra cosa. Entonces tenés que volver al espectro o a la compulsión que te llevó a ese otro libro para traducirlo. Estás como en varios mundos a la vez. Es trabajoso, lleva tiempo y después, además, hay que trabajar en la publicación.

Pero creo que es importante, a pesar del bajísimo porcentaje de traducciones que se venden, que se conozca más en inglés el trabajo que se está haciendo en español.

Mencionabas antes el tema de la pertenencia y la catedrática Mariela E. Méndez analizó tu obra *Rasgado*, publicada en el 2006, desde ese concepto de «pertenencia». Ella escribió: «Re-formulating the terms of belonging—to a city, to a nation, to a geographical space—can lead to the creation of new, alternate mappings that expose and question stationary notions of gender, of space, and of gender in space». ¿Consideras que esta reformulación de un sentido de pertenencia a espacios geográficos y de género ha cambiado o evolucionado en tu obra en los últimos años?

Vivo en New York, pero no siento que pertenezca a New York. Cuando llego al aeropuerto y veo la ciudad del otro lado del río, me parece una ciudad de extraterrestres, como si estuviera mirando un espacio intergaláctico... No puedo creer que yo esté viviendo en ese lugar.

Yo estaba muy conectada en la Argentina con el campo, con la tierra, con la pampa. Por eso me gusta mucho estar acá [en Shelter Island] porque me gusta la naturaleza, más que lo urbano. Personalmente, siento que pertenezco a un espacio natural. Hace 35 años o no sé cuántos, desde el 85, que vivo en esa urbe impresionante que es New York, pero nunca siento que pertenezco a ese espacio. Lo que se ve en *Rasgado* es que nosotros estuvimos muy cerca de la caída de las Torres, de los ataques y las explosiones. Y ese fue uno de los pocos momentos en que yo me he sentido parte de una comunidad mucho más amplía que la mía, que no tenía que ver con el discurso de [George W.] Bush, sino con una comunidad en donde tuvimos que enfrentar esa enorme violencia desde muy cerca y convivir con tres mil muertos en el barrio.

A mí en ese momento me cambió esa alienación de la ciudad que siempre siento. Aunque a lo mejor no tiene que ver con New York y si viviera en Buenos Aires también me sentiría alienada de lo que pasa a mi alrededor. A lo mejor soy yo. Pero en ese momento de los ataques sentía que sí se había modificado mi sentimiento de pertenencia, ante la compasión que generaba una tragedia, y eso iba mucho más allá de la nacionalidad. Como está pasando ahora también, cuando no hay nacionalidad, sino compasión y rabia en contra de una tragedia. *Rasgado* está muy localizado en New York, en la relación con mi hijo. En esos días caminé mucho por la ciudad, iba mirando los edificios, viendo cómo era la destrucción y todo lo que estaba pasando.

Sobre lo que analizó Mariela, la verdad que ahora no recuerdo lo que dijo del género. Pero yo no puedo escribir sino desde el punto de vista de lo que soy, de lo que mi cuerpo me habilita a escribir. Es un cuerpo de mujer y escribo desde ese lugar. El feminismo me autorizó esa escritura casi desde lo biológico. Porque lo biológico supera también los géneros y las identidades.

Un libro mío que se llama *El rumor de los bordes*, que es muy cortito, también fue un intento por romper los bordes y mostrar el cuerpo como esa comunicación que se da entre un órgano y otro, entre una célula y otra; con membranas que separan órganos, pero con puertas de entrada y de salida. A mí la biología me da un espacio de libertad, de ampliación de los límites que nos estamos imponiendo culturalmente todo el tiempo. La biología nos hace a todos iguales: mi dolor es igual que el de cualquier otra persona; mi enfermedad va a ser igual que la de otra persona; y las emociones también pasan por los órganos. Para mí lo biológico rompe cualquier límite que uno pueda poner, ofrece una salida más allá de la política, cuya función es asegurar que los cuerpos puedan vivir y convivir.

Hablabas del feminismo, y algunos critican que se hagan volúmenes que solo reúnan mujeres, alegando que no afectaría para nada el objetivo del volumen incluir a autores hombres. ¿Qué piensas sobre esta idea?

Preferiría que no fuera necesario hacer antologías solamente de mujeres. Pero es verdad que todavía la diferencia sigue existiendo. Creo que las mujeres de mi generación tuvieron que luchar para que no hubiera dos mujeres en una antología de cincuenta hombres. Pero yo creo que ahora las mujeres como ustedes tienen un *drive* mucho más fuerte para manejarse dentro de ese mundo. Creo que en todos estos años hemos aprendido a manejarnos de una manera que nos habilite también a conseguir esos lugares. Yo prefiero, sinceramente, que los espacios sean compartidos, me parece mejor, pero también pienso que esas antologías, evidentemente, siguen siendo necesarias.

MELANIE MÁRQUEZ ADAMS:
ESCRIBIR SIN TENER UN PAÍS

Imagino que Melanie Márquez Adams hoy ha despertado temprano, que camina hacia la cocina de su casa y se prepara un café largo y cargado, mientras mira hacia afuera por alguna ventana. Su vista sigue las líneas de luz que dibuja el sol naciente detrás de las montañas de Tennessee. Con la taza de la bebida caliente en una mano y un libro en la otra, sale al portal, se sienta en un sillón y toma el primer sorbo de café mientras se pregunta qué historias presenciaron esos árboles durante la madrugada. Detiene la mirada en aquella cerca de madera, en el verde lejano de la hierba y en cómo cambia de tono hasta alcanzarla en su portal. Se inventa una historia en la que un grupo de jóvenes sale de madrugada, a hacer *camping*, van ajenos a los peligros de la noche, a la forma en que ellos mismos sean un peligro para otros. Es que las montañas de Tennessee, donde Melanie ha vivido por años, son también de los espacios más recurrentes en sus cuentos y crónicas personales. El imaginario de su obra se construye, en gran medida, en torno a espacios similares a los que ella observa desde su portal, con sus ojos de migrante, con sus manos de mujer que nació en Ecuador y que se mudó a Estados Unidos. Vino creyendo que solo venía a estudiar, por un tiempo, y aquí terminó encontrando todas sus querencias.

No sé si en esas mañanas, mientras amolda su próxima historia, Melanie lleva el cabello suelto o atado en una cola. Nunca la he conocido en persona. La última vez que vino a la Feria Internacional del Libro de Miami, en 2018, yo estaba de visita en La Habana. Pero un día me invitó a participar en una antología sobre *crime fiction*, a la que la investigadora y escritora de ascendencia ecuatoriana Gizella Meneses, la había invitado a su vez a coeditar. Tampoco le he preguntado nunca por qué me convocó a mí, entre todas las autoras que podía haber elegido. Estuve a punto de indagar sobre los motivos que nos acercaron a colaborar aquella primera vez; pero hay incógnitas que adornan las amistades, especialmente una como la que ha crecido entre Melanie y yo, en la distancia, sostenida por la colaboración y la honestidad. En todo caso, con ella siempre hay muchas otras historias más interesantes sobre las cuales conversar: desde sus recuerdos de la escuela católica en Ecuador hasta su experiencia como traductora; desde sus motivaciones para escribir sus textos más oscuros, hasta su paso por la Universidad de Iowa, donde obtuvo en 2020 un máster en escritura creativa (MFA).

Esos fueron algunos de los temas de la primera versión de esta entrevista, cuando el presente libro aún no existía como proyecto y yo le pedí que me contara cómo era posible para ella escribir en inglés y en español con tanta naturalidad, y cuándo había comenzado a hacerlo. Aquel primer diálogo es apenas el borrador del presente, modificado no solo por unas cuantas preguntas de más, también por casi siete meses de diálogo constante y trabajo común. Juntas entrevistamos a las otras diez autoras que forman parte de este proyecto, juntas nos cuestionamos el orden y los títulos de cada fragmento; juntas tomamos decisiones editoriales y nos intercambiamos también estrategias de meditación, dudas de edición.

En nuestra primera entrevista, Melanie me dijo que creía «en esa literatura que nos hace sentir menos solos», pero sobre todo en la expresión que conecte «más allá del pequeño universo habitado por sus personajes». Cuando ella me dice: «no quiero escribir cuentos que sean intencionalmente políticos o que caigan en moralejas, tampoco quiero que mi obra acabe aislada de mi tiempo y del entorno social que me perturba», yo pienso que nos parecemos un poco y soñamos, a veces, los mismos sueños. Uno de ellos es este libro.

Melanie es también autora del volumen de relatos *Mariposas negras* (2017); editora de la antología *Del sur al norte: Narrativa y poesía de autores andinos* (2017), que fue premio International Latino Book Awards, y en 2019 coeditó, junto a Gizella Meneses, la mentada *Ellas cuentan. Antología de Crime Fiction por latinoamericanas en EE. UU.* (2019), un proyecto que se ha tornado en una especie de red colaborativa entre la mayoría de sus participantes. Su obra ha sido antologada en varios volúmenes de narrativa en Estados Unidos, tanto en español como inglés. Y su libro más reciente se titula *Querencias. Crónicas de una latinoamericana en USA* (2020), donde reúne textos personales que abarcan su experiencia como mujer, escritora y migrante, tal como explica en esta entrevista.

Escribes en español y en inglés, ¿prefieres algún idioma para expresarte? ¿Consideras esta dualidad un reto o una ventaja?

No tengo una preferencia: los dos idiomas informan mi escritura. En el proceso creativo no lo veo como un reto. Pero sí puede llegar a serlo durante la etapa de edición. En los talleres de la Universidad de Iowa, por ejemplo, recibía comentarios acerca de cómo algunas frases y algunos términos en mis textos sonaban «traducidos» del inglés. Mi primera reacción fue la de corregir. Esa preocupación se acabó luego de escuchar en la FILNYC 2019 a la autora Lina Meruane contar cómo ciertos editores en Latinoamérica han querido corregir su español filtrado por el inglés y cómo ella se ha negado rotundamente. Vivo, pienso, siento y sueño en los dos idiomas. No puedo separarlos cuando percibo el mundo e intento describirlo.

Pienso que sí puede representar una ventaja durante el proceso creativo, porque cuando escribo en inglés me doy permiso a ser más vulnerable, a equivocarme. Existe cierta desinhibición cuando escribo en mi segundo idioma: ya estoy mentalizada a que cometeré errores que serán corregidos en el proceso de revisión y por lo tanto puedo cancelar a la Melanie editora durante el momento creativo. Eso es mucho más difícil de conseguir en español. También es cierto que mis lecturas más experimentales y extrañas son en mi segundo idioma y tal vez por esa razón mis textos en inglés son más viscerales.

¿Qué las motivó a ti y a Gizella Meneses como editoras y escritoras a elegir el *crime fiction* para convocar a una antología como *Ellas cuentan*?

El *crime fiction* es una de las áreas de investigación académica de Gizella Meneses. Ella notó que no existía un libro que recogiera la obra de autoras latinas o latinoamericanas que escribieran dentro de este género literario y me contactó para explorar la posibilidad de embarcarnos en el proyecto. Me interesó sobre todo la perspectiva desde la que decidimos acercarnos al *crime fiction*, solicitando relatos que reflejasen o explorasen de alguna manera conflictos sociales actuales de Latinoamérica y Estados Unidos.

¿Qué te sorprendió de tus lecturas al compilar este volumen?

Darme cuenta de cómo todas las autoras, con un estilo y voz muy propios, consiguieron llevar el género a un lugar fascinante. Nuestras pautas para la convocatoria fueron breves y flexibles. Esto fue intencional porque buscábamos una interpretación fresca, diferente. Por lo tanto, resultó gratificante que los textos seleccionados captaran, desde lugares y acercamientos distintos, aquello que visionamos al empezar a trabajar en la antología.

Mi experiencia al coeditar *Ellas cuentan* definitivamente cambió mis expectativas sobre el *crime fiction*. Me encontré con un género que otorga un espacio muy interesante para explorar miedos y obsesiones de la vida moderna y del mundo confuso en que nos ha tocado existir.

Has sido editora de varias antologías y tú misma has sido antologada en otras tantas. Pero durante la creación de este libro has propuesto que cuestionemos el éxito de las antologías en español en Estados Unidos. La pregunta entonces es: ¿crees tú que la proliferación de antologías beneficia la visibilidad de la literatura en español en Estados Unidos?

Considero que la premisa de las antologías es fantástica y que, idealmente, sí pueden llegar a ser una excelente manera de difundir la literatura en español que estamos escribiendo y publicando en Estados Unidos para así entregar a los lectores «un muestrario de estilos provenientes de distintos ambientes y trasfondos», como nos dice Fernando Olszanski en su reseña de una de estas obras.

Sin embargo, tanto por las respuestas de algunas de las autoras que entrevistamos y por lo que yo misma he observado desde hace algún tiempo, pienso que, aunque estamos haciendo un trabajo valioso en el aspecto de la edición y en la publicación de antologías, lo que nos está faltando es trabajar justamente en la difusión. Sin ese aspecto fundamental, decae la razón de ser de estas obras.

Siento que, en la mayor parte de los casos, la difusión se queda en el envío de copias a los autores contribuyentes, uno que otro evento de presentación, y hasta allí. Y eso está muy bien para el momento en que se publica una nueva antología, pero antes y paralelo a eso, hace falta establecer redes con la academia, con los programas de literatura latinoamericana, iberoamericana y latinx para que sepan de estas antologías, para que las lean en las clases, para que las estudien. Es lo que he podido observar que ocurre con las que se publican en inglés: se mantienen esos canales e incluso se diseñan antologías específicas para cierto tipo de clases universitarias. Además, antes de que se publiquen oficialmente estas antologías, los editores ofrecen a los profesores universitarios unos ejemplares especiales que se llaman ARC (*advanced reader copy*). Esto ayuda a lograr la visibilidad de las obras en un círculo académico y, lo más importante, anima a los profesores a que las incluyan en sus clases.

Ahora, para llegar a las clases de literatura latinx o a las clases de literatura en inglés que son más inclusivas en sus lecturas, por supuesto que nos hacen falta traducciones. Y esa es otra historia que implica otros recursos. Pero es algo que debemos contemplar a largo plazo.

Por otro lado, pienso que también nos está faltando difundir nuestra obra en Latinoamérica. Fijémonos en que la misma razón por la que nuestra situación es complicada para publicar en Estados Unidos, también nos pone en una posición muy interesante. Técnicamente nuestra literatura se puede considerar tanto latinoamericana como estadounidense. Imaginemos el potencial de lectores que eso implica. Sin embargo, para lograrlo nos hace falta cultivar, de los dos lados, lazos con la academia, crear alianzas con otras editoriales, librerías, medios literarios, gestores y organizaciones culturales. Esto se presenta como un gran desafío, claro que sí, pero si lo enfrentamos juntos, podemos transformarlo en una gran oportunidad.

En todo caso, opino que es un buen momento para tomarnos una pequeña pausa en la publicación de nuevas antologías y pensar cómo podemos difundir mejor las que ya tenemos. Me encanta y valoro muchísimo que los escritores que estamos contribuyendo con nuestra obra a estas antologías nos apoyemos y nos leamos entre nosotros, pero ya es tiempo de que nuestra literatura se lea en círculos más amplios.

¿Y cuáles son los retos de las pequeñas editoriales en este sistema de distribución que describes y que parece ser bastante complejo? ¿Crees que es posible para pequeñas editoriales independientes lograr este alcance en su distribución?

Nunca he trabajado en una editorial y por lo tanto desconozco todos los detalles involucrados en el sistema de distribución. Pero mi valoración del asunto va por el lado de que hoy en día contamos con una serie de recursos digitales, es decir, no es imprescindible que los autores y sus libros se trasladen físicamente a distintos países para llegar a esos mercados, a esos lectores. Están los e-books, los eventos online en vivo, los *podcasts*, YouTube y una serie de recursos digitales... Por eso hablaba de que son importantes las alianzas — desarrollarlas con gestores y centros culturales, *Book-Tubers, influencers*. Inclusive con otras editoriales independientes (recomiendo escuchar el «Episodio 145: Editoriales - Antílope» del *podcast Hablemos Escritoras*, para conocer el tipo de alianzas que esta editorial mexicana está realizando). Es decir, considero que nos hace falta plantearnos nuevas estrategias, ir más allá de los métodos tradicionales de distribución. Tenemos alternativas. Hay que aprovecharlas.

Podría decirse que tres o cuatro los países poseen más hegemonía en el canon literario de América Latina. Esto no significa que no exista tradición nacional en el resto, pero sí varía la visibilidad de los autores según su nacionalidad. ¿Te reconoces en tu tradición nacional?

Aunque mi libro de cuentos *Mariposas negras* fue publicado en Ecuador y al inicio de mi escritura me pensé como escritora ecuatoriana y latinoamericana, no tardé en darme cuenta de que los temas sobre los que escribo, al igual que la forma en que los escribo, están ligados a mi vida en Estados Unidos y a la realidad que percibo desde esta tierra. Por eso, desde hace tiempo, me considero una *Latina writer*.

Con respecto a una tradición, te respondo con un dato curioso: El periodista Javier Izquierdo escribió y dirigió un falso documental llamado *Un secreto en la caja*, en el cual se explora la figura mítica de Marcelo Chiriboga, un supuesto representante ecuatoriano del boom latinoamericano. Se trata en realidad de un personaje ficticio, creado por Carlos Fuentes y José Donoso. En este falso documental —el cual recomiendo mucho, por cierto—, Chiriboga regala un consejo a las nuevas generaciones de escritores ecuatorianos: que escribamos como si no tuviéramos un país. Esta es la tradición en la que me reconozco.

Dices que te consideras una *Latina writer*, pero tu libro más reciente con Katakana Editores se titula *Querencias. Crónicas de una latinoamericana en USA*, ¿por qué hablar de «una latinoamericana» si eres una *latina writer*?

Me encanta esta pregunta. Mi respuesta va a sonar un tanto compleja, algo así como un trastorno de identidad. La cuestión es que, en este país, he aprendido a separar quién soy como escritora de quién soy como persona (sabemos también lo fragmentaria que puede llegar a ser la experiencia migrante). Como mujer y como persona me percibo ecuatoriana —por lo tanto, latinoamericana. Entonces, para contestar tu pregunta, la mayor parte de los textos que componen *Querencia* surgen a partir de experiencias vividas desde el lado personal, momentos que han afectado profundamente a la Melanie persona. En estos textos, es la Melanie latinoamericana la que muestra, la que filtra lo que observa enteramente desde su subjetividad, sus preocupaciones, sus miedos, sus prejuicios. Desde su resistencia a estos prejuicios, al privilegio que se intenta ejercer sobre ella y al privilegio que ella misma se percata que tiene sobre otros inmigrantes latinoamericanos en este país. Era importante que esto quedara reflejado en el subtítulo del libro. Fíjate que dice «una latinoamerica-na» y no, «una escritora latinoamericana».

Pero sí, como escritora, poco a poco me he construi-do una identidad latina. Al principio sucedió en inglés, justamente porque estaba leyendo a muchos autores latinxs que escriben no-ficción creativa. Empecé a en-contrar interseccionalidades en los temas que me inte-resaba contar en mis crónicas personales y entonces me fui identificando con aquella comunidad literaria. No me resultó orgánico considerarme *Ecuadorian writer* o *Latin American writer* en ese contexto. Después de eso, el término se ha ido filtrando al español, especialmente a medida que he tomado consciencia de que tanto mi escritura en español como en inglés están atravesadas por mis experiencias y vivencias como una mujer in-migrante en este país.

Para mí, considerarme una autora latina no tiene tanto que ver con mi origen, sino que se trata de una identidad que ha surgido de mi realidad en este país, de los temas que me interesa leer, los temas que me interesa escribir, temas que me unen a la comunidad de escritores latinxs. Cada vez resulta más complica-do encontrarme como escritora dentro de un contexto latinoamericano. Algo interesante es que, hoy en día, esto se empieza a filtrar en mi identidad personal tam-bién. Despacio, eso sí. Porque como ecuatoriana, como latinoamericana todavía estoy sujeta a cierto tipo de códigos, a todo ese adoctrinamiento recibido en el con-texto de una escuela católica que ensalzaba a la clase alta, a todos los prejuicios inconscientes que tengo, to-dos esos pensamientos arraigados dentro de mí que se resisten a mis ideales, al tipo de persona que quiero ser. La Melanie escritora, la *Latina writer*, es mucho más franca, más consciente de la hegemonía, del privilegio. No es tan reservada ni tan cuidadosa como la Melanie persona. Tal vez es una estrategia que tuve que adoptar para poder ser más valiente en mi escritura porque llegó un momento en el que me di cuenta de que no me podía quedar en temas que no tienen nada que ver con mi entorno, en una escritura que no cuestiona el mundo. Esa escritura demandaba ser más extrovertida y directa, sin miedo a lo que puedan pensar mi familia y amigos al leerme. Pero como al mismo tiempo, sí que soy una persona introvertida que tiende a refugiarse en su caparazón, canalizar una personalidad diferente en mi escritura constituye una estrategia de autoprotección. En realidad, lo que espero es que eventualmente la Melanie escritora ayude a la Melanie persona a dejar atrás el confort de la burbuja y a vivir una vida más auténtica.

¿Y por qué elegir la crónica como género para contar estas historias personales de las que hablas?

En realidad, el término de «crónica» es un compromiso al que he tenido que llegar porque en español todavía no hablamos a menudo de la no-ficción creativa, un género muy popular dentro de la escritura creativa en inglés, tanto así que hay muchos y prestigiosos programas MFA en inglés con esa concentración. En inglés, existen antologías y grandes referentes, sobre todo en lo que respecta al ensayo personal —algo que se puede ver claramente en el tipo de textos que se publican en *The New York Times*. Siento que en español todavía resistimos este término, no sé si es porque no lo entendemos o porque lo vemos como de menor calidad literaria, aunque esta última apreciación seguramente se debe más que nada a que no lo entendemos. Entonces muchas veces mis textos de no-ficción creativa, que son los que forman parte de mi nuevo libro, se han publicado en distintos medios bajo la categoría de cuento.

Considero que el único termino firme que tenemos en español para acercarnos a un texto de no-ficción creativa es el de la crónica. Pero claro, ese término tampoco lo considero ideal porque la crónica literaria se ha desarrollado fundamentalmente dentro del periodismo y el tipo de textos de no-ficción que yo escribo poco tienen que ver con ese campo. Surgen por entero a partir de mi apreciación subjetiva del entorno —yo, testigo; yo, una cámara. Entonces hasta este momento la solución que he encontrado es «unir» los dos acercamientos más importantes al género desde los dos idiomas en que transita mi escritura. Y así es como he aterrizado en el término de crónica personal. Eso es lo que escribo mayormente en el género de la no-ficción: crónicas personales. Por ahora me quedo contenta con este término, sobre todo porque pienso que también funciona como una especie de clave para los lectores al momento de acercarse a mi obra.

Llama la atención, sobre todo porque la crónica tiene una gran tradición en América Latina. Y también tu primer libro de cuentos *Mariposas negras* ha sido calificado como una obra con elementos del realismo mágico, un movimiento eminentemente latinoamericano.

Creo que la reseña a la que haces referencia proviene de un medio en inglés. Mi libro *Mariposas negras* tiene tanto de realismo mágico como los cuentos de Julio Cortázar. La audiencia norteamericana interpreta cualquier aparición de elementos de lo fantástico en la obra de un autor latinoamericano como realismo mágico. Quizás un par de cuentos de la colección evoca el género, pero no ubico mi obra en esa tradición.

Entonces, ¿qué búsquedas estéticas afrontas?

En mi obra yo no busco —al menos no de manera intencional—una estética determinada. Escribir es la única manera que tengo de procesar el mundo, de descifrarlo. Disfruto el contraste entre lo cotidiano y lo extraño ya que me ofrece un espacio interesante para explorar mis personajes y sus conflictos. A través de esta exploración no pretendo dar respuestas, más bien espero que mis lectores cuestionen cuanto los rodea, que nunca dejen de hacer preguntas.

¿Tendrá esta perspectiva que ver con lo que hacías antes de la literatura?

Luego de obtener un MBA (Maestría en Administración de Negocios), trabajé varios años en el mundo corporativo. También dicté clases de administración de empresas y mercadeo. A partir de una crisis existencial temprana, dejé atrás ese mundo. Me mudé a Tennessee, obtuve un *Master of Arts* enfocado en Literatura y Adquisición de Lenguas Extranjeras y me dediqué por un tiempo a enseñar español a nivel universitario.

¿Dirías que coincide tu carrera como narradora con tu camino de emigración?

Totalmente. He sido una lectora empedernida desde pequeña, sin duda mi preparación más importante para la escritura. Pero fue en la tranquilidad y el refugio que me ofrecieron las montañas de Tennessee donde encontré mi voz narrativa, donde por fin pude sentarme a escribir con el objetivo de publicar.

Se dice que los autores latinos o latinoamericanos que alcanzan al público norteamericano son cada vez más aquellos que se gradúan de programas establecidos de escritura creativa.

Para mí las etiquetas de «latino» y «latinoamericano» no abarcan las mismas personas/autores. Aclaro que se trata de mi opinión: estas etiquetas han sido manipuladas a tal grado que sus definiciones son completamente subjetivas. Entonces, si pensamos en autores latinos desde mi perspectiva, el comentario al que haces referencia es correcto. Están por ejemplo Sandra Cisneros, Junot Díaz, Carmen María Machado, Justin Torres, todos ellos graduados de programas prestigiosos de escritura creativa. Pero si pensamos en autores latinoamericanos que destacan actualmente en el mundo editorial norteamericano (en traducción), como Samanta Schweblin y Mariana Enríquez, el comentario no aplica ya que se trata de escritoras que no han pasado por un MFA. Valeria Luiselli, quien escribe directamente en inglés —durante una charla en la Universidad de Iowa en la que compartió sobre su escritura con profesores y estudiantes del programa MFA nos comentó que prefiere no traducirse ella misma al español— tampoco salió de un programa de escritura creativa.

Hemos hecho entrevistas concentradas en la identidad de las autoras y en cómo se perciben ellas, tú misma has hablado ahora de la diferencia entre términos como latina y latinoamericana. ¿Consideras importante hablar de identidad y de colores en la literatura?

Sí, considero que es muy importante. La idea de que podemos ser simplemente escritoras en este país, sin un adjetivo adherido a nuestro oficio, podrá ser muy idealista, pero también es bastante ingenua. Esa no es la realidad en la que vivimos. Es importante que hablemos de las identidades, así como de las ramificaciones positivas y negativas que conllevan las diferentes etiquetas para así reforzar lazos y cuestionar cierto tipo de ideas cuando sea necesario.

Las etiquetas, las identidades, son parte de la realidad cotidiana en este país y se permean en los distintos aspectos de crear, publicar y distribuir nuestra obra. No porque nos neguemos a ver o dialogar sobre un tema significa que deje de estar ahí, que no influya o afecte el entorno.

En mi caso el tema de la identidad ha sido fundamental. He considerado, resistido y adoptado distintas identidades como escritora. Eso me ha ayudado a descubrir cosas sobre mí misma y sobre el tipo de escritura y literatura que me interesa, que me importa. Y no quiere decir que permito que las etiquetas me definan. Las considero pautas, guías, puentes hacia distintas exploraciones y posibilidades.

Has creado una pregunta para las entrevistas recogidas en este libro, que me encantaría que respondieras ahora, porque considero que habla mucho de tu percepción sobre Estados Unidos. La pregunta dice: Se podría decir que muchos latinoamericanos que vivimos en Estados Unidos, tenemos una relación complicada con este país. En una entrevista para *The Paris Review*, la autora canadiense Margaret Atwood dice que «complication is a matter of how you perceive yourself in an unequal power relationship». ¿Cómo percibes tu obra literaria y a ti misma dentro de dicha relación?

Definitivamente se trata de un tema que me afecta tanto como mujer, persona y escritora —también afecta a mi obra literaria. Lo curioso es que mis experiencias con estas relaciones desiguales de poder no solamente me han llegado del lado del contexto estadounidense, con aquellas personas e instituciones conservadoras de Tennessee con las que interactúo en la vida cotidiana. En realidad, gran parte de estas experiencias han llegado de mano de la academia y no siempre en mi interacción con los norteamericanos o caucásicos. El etnocentrismo no es algo exclusivo de los norteamericanos y también he tenido experiencias muy negativas con personas españolas en el entorno de la academia. He conocido académicos tanto estadounidenses como españoles que consideran inferior nuestro español latinoamericano y latinx. Nuestra literatura también, particularmente la latinx. En una universidad en Virginia donde trabajé como instructora de español, era la única profesora latina del departamento y fui víctima de una serie de micro agresiones.

Más recientemente, en la Universidad de Iowa me tocó ver cómo se restaba importancia a nuestro español y nuestra literatura. No en el contexto del programa de escritura, pero sí en el departamento de español en general. Por ejemplo, durante mi último semestre como *Teaching Assistant*, cambiaron el libro correspondiente a las clases de español 1 y 2 y fue terrible para mí descubrir que se trataba de un libro totalmente centrado en la cultura y el español peninsulares. Supuestamente tendría que haber pasado un semestre entero sin enseñar a los chicos nada relacionado a la cultura latinoamericana. Por mi cuenta lo hice, por supuesto, pero no como parte del material del programa de estudio. Aparte de esto, me encontré con un alto grado de elitismo, etnocentrismo y una serie de -ismos en el programa de escritura creativa. Era un ambiente burbuja donde se escribía y se leía como si fuéramos un satélite de España o Latinoamérica, pero ignorando totalmente el entorno estadounidense con todas sus complicaciones y sus matices. Algo inaudito para mí, especialmente considerando el ambiente político hostil en el que vivimos y lo que esto representa para los latinoamericanos que vivimos acá y para nuestro idioma.

Enfrentar esa situación tuvo un enorme impacto tanto en mi obra literaria como en la construcción de mi identidad latina. Mucho de lo que he escrito estos dos últimos años tiene que ver con mi resistencia y mi reacción frente a todos esos -ismos que encontré en Iowa, en el departamento de español en general y en el programa de escritura en particular. La hegemonía y el privilegio eurocéntrico se palpaban en todo momento. Y ahí estaba yo, navegando contra la corriente de aquella dinámica de privilegios, resistiendo el poder jerárquico, a veces efectivamente, otras no tanto. Las emociones y la frustración a veces no me dejaban actuar con la sutileza y elegancia que hubiese querido. Pero hasta en eso, fíjate, como yo me sentía, siento culpable por no haber transmitido el mensaje de una forma que incomodara menos al poder hegemónico. Al final, la responsabilidad de educar sobre cierto tipo de sensibilidades recaía sobre mí.

Me sentí como la única escritora latina en el medio de un grupo de escritores latinoamericanos y españoles y siempre me quedó claro lo que se pensaba en el programa acerca de la literatura latinx, sobre todo la que estamos creando en español dentro de Estados Unidos. La ven muy por debajo de la tradición de la literatura latinoamericana, en realidad, ni siquiera la ven. Nunca se incluyó en las lecturas recomendadas a algún escritor latinx, ni en español ni en inglés, ni siquiera a Junot Díaz, el clásico token que utilizan en las clases de literatura y escritura para aparentar diversidad.

Mi intención nunca fue que mi experiencia en el MFA fuera política. No podría haber imaginado que Iowa acabaría inspirándome a cuestionar privilegios, a enfrentarme a la mirada privilegiada que filtraba absolutamente todo. En Iowa aprendí también acerca de mi propio privilegio, lo distorsionada que estaba mi perspectiva del mundo debido a los códigos hegemónicos de los que fui parte en Latinoamérica. Solía pensar que no me interesaban ciertos asuntos políticos, pero el clima turbulento por el que pasé en aquel programa de escritura creativa rompió mi burbuja y ya no me interesa regresar a la conveniencia y a la comodidad de antes.

SOBRE LAS EDITORAS

DAINERYS MACHADO VENTO es escritora, periodista e investigadora literaria. Es autora del libro de cuentos *Las noventa Habanas* (Katakana, 2019) y editora fundadora de la colección Sualos/Swallows (CTDA-Tablas Alarcos), que tiene como objetivo visibilizar el teatro cubano del exilio. Actualmente, Dainerys estudia su doctorado en Lenguas y Literaturas Modernas en la Universidad de Miami. En 2016 culminó su maestría en Literatura Hispanoamericana por El Colegio de San Luis A.C., México. Sus investigaciones sobre prensa y literatura han aparecido en revistas académicas como *Cuadernos Americanos, Decimonónica* y *Emisférica*. Cuentos suyos han sido antologados en volúmenes publicados en México y Estados Unidos, y ha sido colaboradora de publicaciones como *Yahoo, Nagari, La Gaceta de Cuba*, entre otras.

MELANIE MÁRQUEZ ADAMS es la autora de *Querencia* (Katakana, 2020) y *Mariposas negras* (Eskeletra, 2017). Ha editado las antologías *Ellas cuentan: Crime Fiction por latinoamericanas en EEUU* (Sudaquia), *Pertenencia: Antología de narradores sudamericanos en Estados Unidos* (Ars Communis) y *Del sur al norte: Narrativa y poesía de autores andinos* (El BeiSMan). Ganadora de un premio en los International Latino Book Awards 2018 por su trabajo como editora, ese mismo año Melanie recibió también un Iowa Arts Fellowship y en el 2020 obtuvo un Máster (MFA) en Escritura Creativa por la Universidad de Iowa. Su obra en inglés y en español aparece en varias revistas literarias y antologías, las más recientes: *Incurables* y *Escritorxs Salvajes: 37 Hispanic Writers in the United States.*

ÍNDICE DE NOMBRES

A

B

C

D

E

F

I

J

K

L

M

ÍNDICE

Made in the USA
Columbia, SC
14 June 2021

39981866R00145